ALBERTO PERUFFO - LUCA STEFANO CRISTINI

LA GUERRA CIVILE LONGOBARDA E LA BATTAGLIA DI CORNATE D'ADDA

689 DC LA SCONFITTA DELL'ULTIMO DUCA PAGANO

BATTLEFIELD 013

AUTORE - AUTHOR:

Alberto Peruffo, nato a Seregno nel 1968, laureato all'Università degli Studi di Milano. Ha cooperato con la Sovrintendenza archeologica di Milano. Collabora con alcune riviste di storia, insegnante di storia. Ha pubblicato i seguenti saggi storici: "I corsari del Kaiser" "Marvia editrice", Lega Lombarda 1158 – 1162. La battaglia di Carcano, "Chillemi edizioni", Il trionfo della Lega Lombarda 1174-1176, "Chillemi edizioni", La supremazia di Roma, battaglie dei Cimbri e dei Teutoni, "Keltia editrice", Storia militare degli Ostrogoti, da Teodorico a Totila, "Chillemi edizioni". Le guerre dei Popoli del Mare, "Edizioni Arbor Sapientiae", I soldati della divisione testa di morto, "Soldiershop edizioni", Le battaglie dei Cimbri e dei Teutoni (113-101 a.C.),"Edizioni Arbor Sapientiae".

NOTE AI LETTORI - PUBLISHING NOTE

Tutto il contenuto dei nostri libri, in qualsiasi forma prodotti (cartacei, elettronici o altro) è copyright Soldiershop.com. I diritti di traduzione, riproduzione, memorizzazione con qualsiasi mezzo, digitale, fotografico, fotocopie ecc. sono riservati per tutti i Paesi. Nessuna delle immagini presenti nei nostri libri può essere riprodotta senza il permesso scritto di Soldiershop.com. L'Editore rimane a disposizione degli eventuali aventi diritto per tutte le fonti iconografiche dubbie o non identificate. I marchi Soldiershop Publishing ©, e i nomi delle nostre collane - Soldiers&Weapons, Battlefield e War in Colour sono di proprietà di Soldiershop.com; di conseguenza qualsiasi uso esterno non è consentito.

None of images or text of our book may be reproduced in any format without the expressed written permission of Soldiershop.com. The publisher remains to disposition of the possible having right for all the doubtful sources images or not identifies. Our trademark: Soldiershop Publishing ©, The names of our series: Soldiers&Weapons, Battlefield, War in colour, PaperSoldiers, Soldiershop e-book etc. are herein © by Soldiershop.com.

BATTLEFIELD

BattleField, è la collana che analizza i campi di battaglia dal punto di vista "oggi e allora" Offrendo prospettive inedite ed interessanti per lo studio degli scontri principali della storia attraverso armi, uniformi e mappe storiche di eserciti e soldati impegnate nelle più famose campagne militari. La collana è definita da una linea di colore rosso sulla copertina.

RINGRAZIAMENTI

Un ringraziamento speciale va al gruppo reenactor Fortebraccio Veregrense, da anni impegnato nella ricostruzione storica e filologica del mondo dei longobardi, e soprattutto alla fotografa ufficiale del gruppo, Noemi Ventura, autrice delle immagini che sono servite da base per la realizzazione delle nostre tavole illustrate. (Facebook: https://www.facebook.com/NoemiVenturaPhotoCorner/ Flickr: Noemi Ventura)

ISBN: 9788893272452 Prima edizione: Maggio 2017

Title: Battlefield 013 - LA GUERRA CIVILE LONGOBARDA E LA BATTAGLIA DI CORNATE D'ADDA
Di Alberto Peruffo. Tavole di Luca S. Cristini.   Editor: Soldiershop publishing. Cover & Art Design: Luca S. Cristini.

In copertina : xxxxxxx

INTRODUZIONE

Peruffo, Da un nome longobardo Perulf (in antico tedesco Berulf) (Olivieri 1924); è tipico di Vicenza e provincia: Trissino, Montecchio Maggiore, Creazzo. Il suo significato è una parola composta da due nomi nel tipico stile germanico; Orso - Lupo.

Correva l'anno 671 quando il re dei Longobardi Grimoaldo (Grimuald in lingua germanica dal significato di "capo con l'elmo") morì a seguito di un salasso infausto. Sotto questo re il regno dei longobardi aveva raggiunto il suo massimo splendore in cui l'autorità regia veniva ampiamente riconosciuta dai numerosi duchi della penisola italica. Grimoaldo fu un sovrano valoroso che compì con coscienza il dovere principale di ogni capo di stato che consiste nella difesa delle frontiere da invasori esterni. Grimoaldo a questo compito attese in maniera esemplare sconfiggendo i Franchi, nemici atavici dei Longobardi, nella battaglia di Asti, infliggendo una sconfitta tale da debellare il pericolo d'oltralpe fino all'arrivo dei Carolingi il secolo successivo. Lo stesso Grimoaldo che, prima di essere re longobardo, fu duca di Benevento riuscì a sventare l'invasione dell'imperatore d'Oriente Costante II in Italia meridionale. Annientati furono anche gli Avari della Pannonia che, una volta giunti nell'Italia nord orientale, come alleati di Grimoaldo, per soffocare la ribellione del duca Lupo del Friuli, principe di Cividale, si lasciarono andare a scorrerie e saccheggi indiscriminati in territorio longobardo.

Grimoaldo fu certo uno dei migliori sovrani longobardi alla pari di Liutprando o Alboino. La sua morte però porterà a un periodo d'instabilità, con i successori impegnati verso una politica favorevole al cattolicesimo spaccando la nazione longobarda con gli ariani, più legati alla tradizione, contro i cattolici. La guerra civile che ne scaturirà vedrà proprio le regioni orientali legate all'arianesimo contro quelle occidentali di fede cattolica ortodossa. Lo scontro sarà non solo legato alla corsa al potere da parte di un duca ambizioso con l'intento di farsi re, situazione comune nelle vicende storiche longobarde, neppure sarà solo una guerra di religione tra ariani e cattolici, quanto piuttosto uno scontro tra due concezioni diverse di visione del mondo; con quella ariana legata alle tradizioni più antiche del popolo longobardo, mentre quella cattolica più aperta alle popolazioni italiche sottomesse. Queste divisioni troveranno la loro sintesi nella battaglia di Cornate d'Adda, accuratamente descritta dal Longobardo Paolo Diacono figlio di Varnefrido (Warnefried, dal significato di "amico protettore"), cronista della storia longobarda del VIII secolo, da cui si evince l'importanza di questo scontro, archetipo delle battaglie di quell'epoca dell'alto medioevo.

La giornata di Cornate d'Adda alla fine del VII secolo rappresentò uno spartiacque della storia dei Longobardi e dell'Italia, tanto da cambiare la concezione del regno longobardo e i suoi rapporti con le altre nazioni europee confinanti.

Alberto Peruffo

INDICE:

Introduzione .... Pag. 3
Stirpe di cinocefali .... Pag. 5
La situazione in Italia .... Pag. 13
La questione religiosa .... Pag. 19
La guerra civile .... Pag. 25
Gli opposti comandanti .... Pag. 29
Le opposte armate .... Pag. 33
Il colpo di stato degli Austriaci .... Pag. 43
Gli opposti piani .... pag. 49
La battaglia di Cornate d'Adda .... Pag. 53
Il campo di Battaglia oggi .... Pag. 66
Cronologia e appendici .... Pag. 71
Bibliografia .... Pag. 79

STIRPE DI CINOCEFALI

Winnili o Winili; questo era il nome con cui si facevano chiamare i Longobardi al momento di lasciare la Scandinavia meridionale per la Scoringa e la Mauringa, terre dell'attuale Germania settentrionale nei pressi del mar Baltico. Si era ancora in pieno periodo romano, molto probabilmente ancora prima della nostra era, quando avvennero questi spostamenti. Così Paolo Diacono spiega la migrazione dei Winili dalla Scania alla Germania settentrionale, individuandone la causa con la sovrappopolazione di quelle fredde regioni boreali: "La regione settentrionale, quanto più è remota dall'ardore del sole e gelida per il freddo delle nevi, tanto più è salubre per il corpo umano e idonea a propagare le stirpi; come al contrario ogni regione posta a mezzogiorno, quanto più è vicina al calore del sole, tanto più abbonda di morbo continui, e meno è adatta a far crescere i mortali." (Storia dei Longobardi, Libro primo, 1).

Questo popolo si accingeva quindi in una migrazione armata guidata da due capi, scelti tra i migliori, chiamati Ibone e Aione, figli della saggia Gambara la cui figura è un archetipo delle veggenti molto diffuse tra le tribù dei Germani. Attraversando il Baltico Ibone e Aione diressero la spedizione di questo popolo verso sud.

La Germania dell'epoca non era però una landa desolata, annoverando sul suo territorio fieri popoli guerrieri, la cui principale occupazione era quella di combattersi tra loro come ben descriveva Tacito nel suo Germania nel I secolo d.C. Non c'è quindi da meravigliarsi che i Winili appena messo piede nel nord della attuale Germania, presso le foci dell'Elba, si dovettero subito confrontare con un pericolo mortale, rappresentato dai bellicosi Vandali. Paolo Diacono infatti prosegue nel racconto: "Usciti dunque dalla Scandinavia, i Winili, sotto la guida di Ibore e Aione, giunti in una regione chiamata Scoringa, vi si fermarono per alcuni anni. In quel tempo Ambri ed Assi, condottieri dei Vandali, incalzavano con la guerra tutte le province vicine. Imbaldanziti dalle molte vittorie, mandano ai Winili messaggeri: che paghino i tributi ai Vandali o si preparino a combattere." (Storia dei Longobardi, Libro primo, 7)

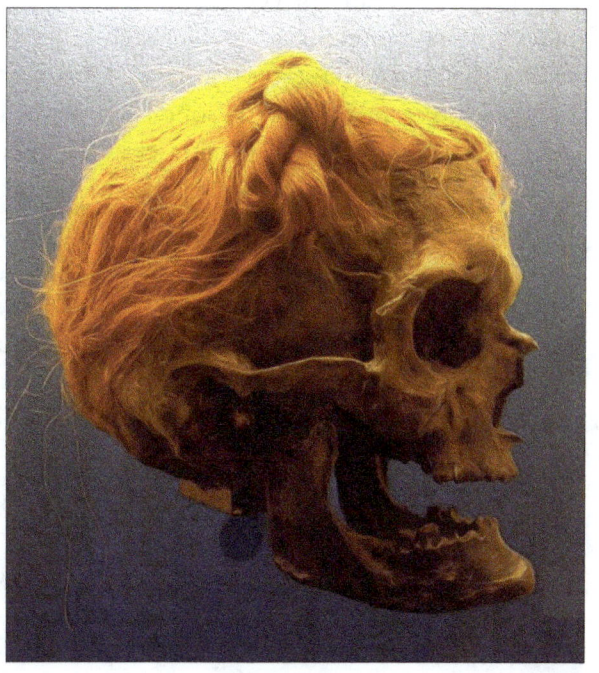

▶ Cranio di un guerriero germanico dei primi secoli della nostra era con ben conservati i capelli raccolti nel caratteristico nodo suebo, peculiare dell'omonimo popolo degli suebi.

◀ Disco aureo longobardo con un tipico guerriero a cavallo armato di scudo, lancia e elmo. Degli inizi del VII secolo venne trovato all'interno di una sepoltura detta del "cavaliere" presso Cividale del Friuli (UD). Il cavallo sembra rappresentare Sleipnir, mitico cavallo con otto zampe, cavalcato da Odino. (Museo Archeologico di Cividale)

Dal confronto che ne scaturì nacquero i Longobardi che, abbandonando il loro antico nome di Winili, si ribattezzarono con un nuovo etnonimo. Con il dovuto scetticismo Paolo Diacono narra come la tradizione del suo popolo spiegava l'origine del nome: "… I Vandali si sarebbero recati da Godan (Wotan/Odino) per chiedere la vittoria sui Winili; e lui rispose che avrebbe dato la vittoria a quelli che per primi avesse visto al sorgere del sole. Gambara allora si recò da Frea (Frigg/Freyja, dea della fecondità), moglie di Godan, e chiese la vittoria per i Winili. Frea diede il consiglio che le donne dei Winili, sciolti i capelli, li aggiustassero intorno al viso come fossero delle barbe e si presentassero di primo mattino insieme agli uomini e si disponessero anch'esse in modo da essere viste da Godannel nel luogo in cui era solito, da una finestra, guardare verso oriente. E così fu fatto. E Godan, vedendole al sorgere del sole chiese:"Chi sono questi lungibardi?". Allora Frea aggiunse che facesse dono della vittoria a coloro cui aveva dato il nome. E così Godan diede la vittoria ai Winili." (Storia dei Longobardi, Libro primo, 8).
Subito dopo l'autore così prosegue specificando meglio il significato del nome dei Longobardi: "Furono così chiamati in un secondo tempo per la lunghezza della barba mai toccata dal rasoio. Infatti nella loro lingua lang significa "lunga" e bart "barba". (Storia dei Longobardi, Libro primo, 9).
Questa origine dell'etnonimo è ormai accettata dagli storici, confermata anche da altri autori come Isidoro di Siviglia che a riguardo scrisse: "I Longobardi, secondo l'opinione popolare, sono chiamati così a causa delle loro lunghe barbe che non sono mai tagliate." (Isidoro di Siviglia, Etymologiae, IX, 9, 95).
Le lunghe barbe non erano l'unico aspetto che caratterizzava la moda longobarda, anche i capelli avevano una foggia peculiare, venendo tagliati a zero sulla nuca e lasciati crescere davanti e ai lati con una riga mediana che li divideva sulla fronte. La varietà dell'aspetto esteriore era una caratteristica dei popoli germanici che spesso si differenziavano proprio dalla moda estetica di barba e capelli. I guerrieri degli Suebi si caratterizzavano per il modo con cui fissavano i lunghi capelli sulla tempia destra con una crocchia, detto nodo suebo. I Franchi nel corso della loro lunga storia avevano invece l'abitudine di portare lunghi mustacchi, mentre gli Slavi usavano radersi completamente i capelli lungo la parte anteriore, presso la fronte, così come alcune tribù della Germania settentrionale adottavano un taglio corto lungo le tempie. Diversamente i Goti adotteranno presto la moda dei vicini romani di cui erano federati. Queste diversità nelle fogge esteriori avevano una chiara caratteristica identitaria, importante nel rafforzare l'appartenenza etnica e lo spirito di corpo dei guerrieri in un contesto di alta competitività all'interno della stessa società germanica, separata da molte stirpi guerriere, spesso in lotta tra loro per i più diversi motivi.
Sempre nei pressi della foce dell'Elba, in Mauringa, i Winili, ora con il loro nuovo nome di Longobardi, si trovarono a combattere un'altra tribù germanica; gli Assipitti che sbarrarono in armi la strada ai nuovi venuti.
Anche in questo confronto i Longobardi si trovano in inferiorità numerica e, di nuovo, giocano d'astuzia, facendo credere al nemico che tra le loro schiere vi fossero dei cinocefali, cioè dei guerrieri con la testa di cane, la cui foga in battaglia era senza pari: "… spargono la voce che costoro (i cinocefali) combattono senza sosta, bevono il sangue umano e, quando non riescono ad agguantare il nemico, si dissetano con il proprio sangue." (Storia dei Longobardi, Libro primo, 11). La situazione viene risolta in favore dei Longobardi da un singolar tenzone ma è interessante il racconto dei cinocefali che lega ancor di più i Longobardi a Odino e

▲ Paolo Diacono (Cividale del Friuli, 720 – Montecassino, 799) autore della Storia dei Longobardi, rappresentato in un manoscritto dell'alto medioevo. (Laurentiana Plut 65 35,)

l'alta considerazione che questo popolo aveva per il cane, l'orso e, ancor di più, il lupo, dando origine ai temibili berserks.

Tra i Germani vi erano infatti confraternite di guerrieri dedicate a un Dio. Il popolo dei Cimbri, protagonista sul finire del II secolo a.C. di una migrazione armata dallo Jutland fino all'Italia settentrionale che mise in seria crisi la Repubblica Romana, ne è un esempio. Tra essi venivano infatti annoverati guerrieri con copricapi animaleschi che dovevano incutere timore ai nemici. Così scrive Plutarco a proposito:" I loro cavalieri (dei Cimbri), forti di 15.000 uomini, cavalcarono avanti in splendida forma, con i loro elmi fatti per rassomigliare a terribili uccelli selvaggi o a strani animali, cui, (i guerrieri) con le loro torreggianti creste di penne, davano l'apparenza di un'altezza maggiore di quella che in effetti erano.". Alcuni decenni dopo questi avvenimenti il culto di questi guerrieri mascherati era associato a Odino, che li vedeva combattere fanaticamente nudi o coperti di pelli di animali quali il lupo diventando come "berserks", o più propriamente Ulfhedhnar (pelli di lupo), il cui fine era la vittoria o la morte gloriosa in battaglia. Alcune maschere che riproducono il muso di un lupo sono state ritrovate

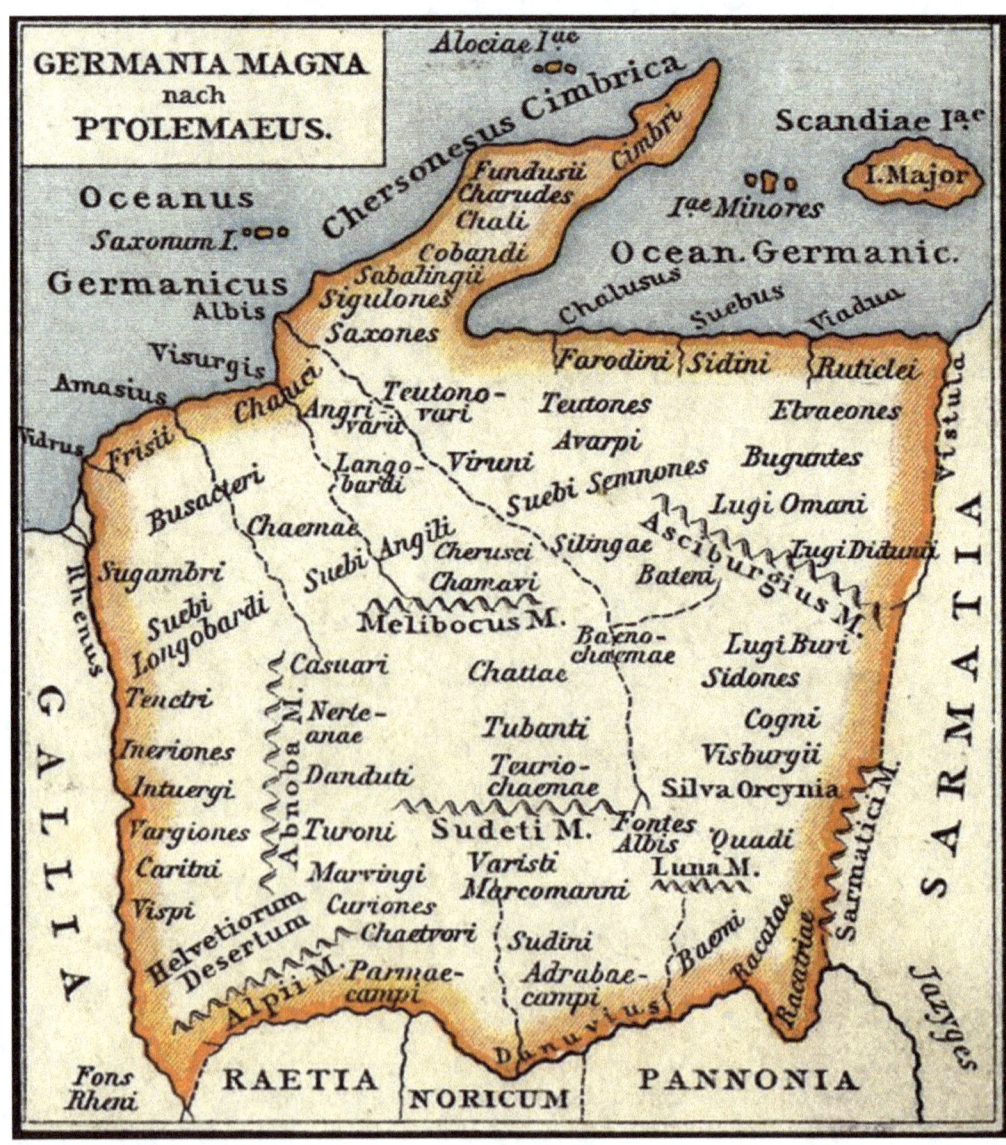

nello Jutland e avevano un significato religioso legato a queste confraternite.

La storia raccontata da Paolo Diacono indica come il cane fosse un animale totemico presso i Longobardi associato a gruppi di guerrieri legati a Odino, in cui uno dei suoi attributi è "il mascherato" (Grimnir). Allo stesso modo anche barba lunga era uno dei numerosi appellativi di Odino che veniva a legare idealmente i Longobardi alla loro divinità d'adozione.

È interessante notare come per Paolo Diacono il Dio Odino/Wotan, dopo averlo equiparato a Mercurio, ne indichi l'origine nella Grecia più antica, retaggio forse di un periodo ancestrale in cui Greci e Germani appartenevano alla stessa stirpe originaria degli Indoeuropei, prima che la remota diaspora di questi popoli li dividesse diffondendoli per il mondo e ampliandone l'importanza.

La stessa etimologia di Winili più accreditata rimanda al mondo canino, significando "cani furiosi", rafforzandone il legame con confraternite di guerrieri berserk legati a Odino. Altri studiosi come Carl Meyer e Wilhelm Bruckner preferiscono attribuire il significato di "battagliero" dall'alto tedesco "winna" (combattere).

Il cambio di nome è stato spesso interpretato come una sostituzione di ordine religioso/culturale tra un pantheon legato ai Vani, deità legate al ciclo agricolo e quello più guerriero degli Asi, Dei di cui Wotan/Odino era la divinità di spicco. Questa ipotesi però non è del tutto credibile visto che da secoli, se non millenni, le popolazioni scandinave erano dedite alla guerra, come lo stesso nome di Winili lo dimostra, sia con il significato di "combattere", legato alla guerra, sia di "cani furiosi", congiunto, in questo caso, già alla figura di Odino.

▲ Costumi militari longobardi, tavola in rame del 1834 collezione privata. 1834.

◂ La mappa di Tolomeo, compilata nel II secolo della nostra era mostra la Germania vista dal mondo mediterraneo. Già a quell'epoca erano presenti i Longobardi che rappresentavano un'importante tribù germanica.

Questo legame tra i Longobardi e il cane, associato al culto odinico e a quello dei morti (spesso raffigurato come guardiano degli inferi), sembra ritrovarsi ancora nell'alto medioevo, perpetuandosi con nomi di famiglie che contengono l'eponimo di Odino e i numerosi miti, spesso tramandati in chiave negativa dai monaci cristiani come Paolo Diacono.

Una volta raggiunta la Mauringa e passati nella vicina Golanda i Longobardi si rafforzarono e crebbero di numero. Tacito nel primo secolo della nostra era ne testimonia la presenza dei Longobardi alle foci dell'Elba alla sua epoca come popolo fiero e battagliero: "Il numero esiguo nobilita, all'opposto, i Longobardi: pur circondati da numerosi e valenti popoli, trovano la loro sicurezza non nella sottomissione, bensì nei rischi delle battaglie." (Tacito, Germania, 40). Nel corso della loro permanenza lungo il corso del fiume Elba i Longobardi strinsero una stretta alleanza con il popolo dei Sassoni. Questa fraternità d'armi non si interromperà mai, tanto che al momento dell'invasione dell'Italia da parte dei Longobardi guidati da Alboino vi parteciperanno ben 20.000 guerrieri sassoni.

Nel corso della loro lunga storia i Longobardi eleggevano i re tramite l'assemblea dei duchi, cioè dei capi militari più in vista dell'esercito longobardo. L'esercito era poi composto da tutti gli uomini liberi che potevano permettersi un arma. Alla base di tutto vi era la *fara*, *farae* al plurale (dal significato di marciare, in tedesco *fahren*), la famiglia allargata compresi i servi e i semiliberi, la fara era l'unità base dell'esercito, rappresentava quello che per altri popoli, come per gli Ostrogoti era la *sippe*, un gruppo parentale o clan, i cui forti legami di stirpe facevano capo ad una unità territoriale. Le farae erano un elemento di forte coesione durante le migrazioni di questo popolo germanico, indicando nella stessa parola di fara il movimento, parte integrale di questa stirpe fin dalle origini. Per i Longobardi gli Arimanni erano tutti gli uomini liberi della Fara e venivano definiti come coloro che possedevano lancia, spada e scudo. Gli uomini liberi ma così poveri da non potersi permettere delle armi erano chiamati Skalk. Come presso gli altri popoli germanici il sovrano era eletto dai capi delle farae, i Duchi che avevano il compito di designare il sovrano tra uno di loro o, quanto meno, ratificarne l'elezione. Quest'ultimi, una volta che i Longobardi si stabilirono in Italia, divennero funzionari regi a capo di un'ampia porzione territoriale detta Ducato. Come per tutti i popoli indoeuropei il re non era un sovrano assoluto ma il suo potere era limitato dall'assemblea dei guerrieri detta Thing, consesso di tutti gli uomini liberi che dovevano essere anche guerrieri. Per i popoli germanici questa assemblea era la normalità e, ancora nel XII secolo, in Islanda sarà presente un Althing con il compito di legiferare e ricomporre le diatribe.

Durante il periodo delle grandi migrazioni germaniche i Longobardi si spostarono a sud, raggiungendo la Boemia intorno alla metà del V secolo per poi occupare, subito dopo la fine del regno di Attila, la regione del Rugiland, a nord del Danubio presso la zona di Vienna, dove era insediato il popolo dei Rugi, anch'essi dei germani di origini scandinave, sterminati poco prima da Odoacre.

Da queste zone particolarmente fertili i Longobardi si infiltrarono ancora più a sud verso il Norico, qui si confrontarono con i temibili Eruli, sconfiggendoli in modo decisivo.

Lo stanziamento degli Ostrogoti di Teodorico in Italia aveva lasciato libere vaste aree della Pannonia che, alla morte di Teodorico, vennero facilmente occupate dai Longobardi che approfittarono del momento di crisi interna degli Ostrogoti, rafforzando la loro presenza

▲ Costumi militari longobardi (planche 2), tavola in rame del 1834 collezione privata. 1834.

in quell'area grazie a un'accorta politica di alleanze con l'impero bizantino sviluppata dal re Auduino, padre di Alboino, futuro conquistatore d'Italia.

Fu proprio, grazie a questa alleanza, che un esercito longobardo, forte di oltre 5500 uomini, prese parte alla spedizione del generale bizantino Narsete intento a strappare l'Italia agli Ostrogoti di Totila. La campagna di Narsete e dei Longobardi avrà il suo apice nella battaglia di Tagina nel luglio del 552, dove i Longobardi con il loro re furono schierati al centro dello schieramento imperiale, sopportando il peso maggiore dello scontro, risolto dalla morte di Totila. Successivamente i Longobardi vennero rapidamente congedati, visto che come truppe federate (alleate) si erano dimostrate ingestibili e inaffidabili, dedite com'erano al saccheggio sistematico delle contrade italiche attraversate dalle armate di Costantinopoli di cui facevano parte, seguendo però le disposizioni dei comandanti imperiali a loro discrezione.

La breve permanenza in Italia dell'esercito longobardo, circa un anno, aveva mostrato loro la ricchezza di questo paese che, malgrado le devastazioni della guerra, era ancora ben più abbondante di beni materiali rispetto la Pannonia, una piatta landa povera di insediamenti umani. Questa differenza verrà ricordata dai Longobardi che nel 568 calarono in Italia.

Prima di questa ultima migrazione i Longobardi ebbero tempo per un'ultima guerra in Pannonia. Guidati dal loro nuovo re, il valoroso Alboino (Alboin dal significato di "amico degli Elfi"), che si scontrò con i Gepidi di re Cunimondo che aveva attaccato briga contro i suoi vicini Longobardi. Questi ultimi si allearono agli Avari, popolo mongolico successore degli Unni, che si trovava presso i confini orientali dei Gepidi, così come i Longobardi si trovavano a occidente dei loro nemici. I Gepidi vennero così a trovarsi circondati in una tenaglia mortale. Cunimondo deciderà di gettare le sue forze contro Alboino in una battaglia decisiva dove però perderà sia lo scontro che la testa. Secondo una antica usanza germanica il cranio di Cunimondo verrà poi trasformato in una preziosa coppa da cui bere durante i banchetti, questo però non per spregio ma in rispetto a un nemico valoroso. La sconfitta dei Gepidi fu totale tanto che non si riprenderanno più, rimanendo nel futuro senza più re e senza più un'unità statuale. Molti saranno i prigionieri fatti dai Longobardi, destinati a un futuro di schiavitù, tra essi la figlia di Cunimondo, la famosa Rosmunda, che verrà sposata da Alboino in seconde nozze, con l'intento di legare a sé gli ultimi Gepidi ancora rimasti prima dell'invasione dell'Italia.

La vittoria contro i Gepidi porterà grande fama ad Alboino presso le nazioni germaniche, molti guerrieri provenienti da altri popoli si alleeranno ai Longobardi con l'intento di partecipare alla spartizione della penisola.

LA SITUAZIONE IN ITALIA

All'arrivo dei Longobardi, nell'anno 568, l'Italia si trovava in una situazione disastrosa. Non erano neppure passati quindici anni dalla fine delle guerre gotiche, guerre che avevano lasciato la Penisola in una condizione peggiore di quanto farà la nostra seconda guerra mondiale, la popolazione era drasticamente diminuita, le pestilenze diffuse così come le carestie che costringevano gli uomini a diventare cannibali. Vaste aree delle pianure erano state impaludate per impedire i movimenti agli eserciti nemici, la vita media era di non più di vent'anni. A peggiorare le cose, finite le ostilità, non ci sarà nessun tentativo di ricostruzione né nessun piano Marshall come dopo la seconda guerra mondiale, anzi, i Bizantini tornarono a taglieggiare le popolazioni superstiti con tassazioni e vessazioni di ogni tipo. La testimonianza di questa situazione ci viene anche da Paolo Diacono: "Ovunque lutti, ovunque lacrime. Infatti, poiché tra il volgo correva voce che chi fuggiva scampava alla morte, le case erano deserte, abbandonate dai loro abitanti, e solo i cani le custodivano. I greggi rimanevano soli nei pascoli, senza pastore che vigilasse. Prima avresti visto villaggi e accampamenti pieni di schiere di uomini, il giorno dopo ogni cosa immersa in un silenzio profondo perché tutti erano fuggiti.

Fuggivano i figli, lasciando senza sepoltura i cadaveri dei genitori; i genitori, dimentichi di ogni senso di pietà, abbandonavano i figli che bruciavano di febbre. Se l'antica pietà ancora obbligava qualcuno a dare sepoltura al prossimo, lui stesso rimaneva insepolto; e mentre compiva l'opera pietosa, veniva rapito dal male; mentre offriva alla morte l'onore dovuto, la sua morte restava senza onore alcuno." (Storia dei Longobardi, Libro secondo, 4). Questa situazione era diffusa in Italia e in particolare nella zona della pianura Padana, conosciuta allora come Liguria. Il morbo che infestava quelle regioni era il prolungamento della peste giustinianea del 540 che aveva mietuto moltissime vittime per il mondo allo stesso modo della peste nera del 1348. Il Cronista longobardo dice anche come questo morbo abbia risparmiato

▶ Tomba di guerriero longobardo con spatha al fianco, ritrovata a Spilamberto (MO). Nello stesso cimitero sono state trovate anche sepolture equine di cavalli sacrificati. (Spilamberto, Necropoli Ponte del Rio)

◀ Mappa politica dell'Italia longobarda.

▲ La Corona Ferrea, simbolo della regalità del Regno d'Italia nei secoli. (Museo e tesoro del Duomo di Monza)

i Germani: "Nessuna traccia di viaggiatore, non si vedevano briganti, e tuttavia i cadaveri si estendevano più in là dove poteva giungere lo sguardo. I luoghi dei pastori si erano trasformati in sepoltura di uomini, le abitazioni degli uomini erano divenute tane per gli animali. Eppure queste sventure toccarono solo ai Romani, entro il loro territorio d'Italia, fino ai confini con le genti alemanne e bavare." (Storia dei Longobardi, Libro secondo, 4).
Questa situazione degradata e la morte dell'imperatore Giustiniano nel 565 convinse, infine, Alboino che, ormai, fosse giunto il momento di intraprendere la spedizione a sud delle Alpi, abbandonando per sempre la Pannonia, subito occupata dagli Avari.
Non furono solo i Longobardi a attraversare le Alpi con le loro famiglie. A essi si affiancarono 20.000 guerrieri sassoni anch'essi con donne e bambini. Altri piccoli gruppi provenienti da diversi popoli, in prevalenza germanici, parteciparono all'invasione, tra essi Turingi, Alamanni, Svevi, Gepidi, Norici, Bulgari e Sarmati. Gli storici stimano un complesso di almeno 200.000 unità fino a un massimo di 400.000 persone.
Le pianure allagate e impaludate dell'Italia orientale non ostacolarono la migrazione armata dei Germani. I Bizantini non avevano la forza necessaria per difendere il territorio italico, ancora stremati dalla ventennale guerra gotica e di nuovo impegnati in oriente contro i Sassanidi. I pochi soldati imperiali decisero saggiamente di concentrare le difese in luoghi strategici.
Il Veneto, che allora andava dalla Pannonia al fiume Adda, venne conquistato senza difficoltà. Le città di questa regione ancora risentivano dei danni della guerra Gotica, molte avevano ancora le mura demolite per cui si sottomisero senza combattere. Ad Aquileia gli abitanti fuggirono per rifugiarsi nella sicurezza della laguna veneta dove, sotto la protezione dei Bizantini, padroni del mar Adriatico, fonderanno la città di Venezia.
Anche la regione della Liguria, che allora comprendeva l'attuale Lombardia occidentale, fu sottomessa con relativa facilità. Milano, antica capitale dell'impero romano, risentiva ancora della distruzione causata dalle armate gotiche di Uria dell'estate del 538, priva di mura si arrese subito agli invasori. Unica città a resistere in modo deciso all'orda longobarda fu l'antica Ticinum, l'odierna Pavia, capitale degli Ostrogoti che nel corso della ventennale guerra contro

Giustiniano non aveva subito assedi né le distruzioni occorse alla maggior parte delle città della Penisola.

L'assedio di Pavia durò ben tre anni a causa della scarsa dimestichezza dell'arte ossidionale da parte dell'esercito longobardo, più abituato a combattere battaglie campali che assediare fortezze o città, data la scarsa o nulla urbanizzazione delle aree di provenienza di questi popoli seminomadi.

Un'altra area di resistenza all'invasione dei Germani nel nord fu l'isola Comacina, la cui fortezza cadrà solo nel 588, grazie al potere dominante su tutto il lago di Como da parte dei Bizantini

Il nord Italia sarà la *Langobardia Maior* e verrà divisa dai Longobardi in due macro-regioni, a est l'Austria (regno dell'est) confinante a ovest lungo l'Adda con la Neustria (regno dell'ovest o regno nuovo), in modo analogo erano così chiamate le regioni dei Franchi di quel periodo, la Neustria a ovest e l'Austrasia a est, regioni spesso in guerra tra loro.

I sovrani longobardi, come i sovrani goti prima di loro, si dichiararono re dei Longobardi e, contemporaneamente, re d'Italia, sottolineando la loro podestà sia sul loro popolo che sulle terre e le popolazioni latine conquistate che, però, rimanevano entità ben separate.

La facilità nella conquista del territorio bizantino spronò molti duchi longobardi a condurre, per conto loro, operazioni di conquista, in modo di accaparrarsi quanti più territori possibili senza dover renderne conto a nessuno, neppure al proprio sovrano. Questa indipendenza dall'autorità regia da parte dei duchi andò aumentando alla morte di Alboino nel giugno del 572, assassinato a tradimento in una congiura di palazzo ordito dalla moglie Rosmunda. Questo generò una situazione di anarchia peggiorata dalla morte violenta di Clefi, successore di Alboino.

I dieci anni di anarchia portarono però a una serrata competizione tra i duchi, permettendo loro di conquistare vaste province del centro e sud Italia. Tra essi il conquistatore della Toscana, il duca Gummarith, ricordato come "Langobardorum Dux crudelissimus" per il modo spietato di condurre la sua personale occupazione di questa parte dell'Italia centrale, dove i suoi territori andarono a confinare con la striscia di terra che univa il Lazio e la città di Roma a Ravenna. Questa area di congiunzione era fondamentale per i Bizantini e faceva perno sulle città di Perugia e Orvieto per la difesa dell'impervio territorio appenninico, città a lungo contese che cambiarono più volte di mano. Per gli eserciti longobardi non sarà mai un limite invalicabile, tanto che attraverseranno sempre questa lingua di terra bizantina per conquistare il ducato di Spoleto e di Benevento, quella che verrà chiamata la *"Langobardia Minor"*.

In questo primo periodo i Longobardi si spingeranno a saccheggiare anche la Provenza e la Borgogna, devastando quelle regioni. Quelle stesse zone verranno attraversate dai Sassoni intenti a raggiungere la loro terra avita, dopo che avevano rifiutato di vivere in Italia sotto le leggi dei loro alleati longobardi.

In questo periodo di anarchia ducale l'interregno sarà governato da ben 35 duchi che si spartiranno le spoglie dell'Italia bizantina. Quest'ultimi sapranno però reagire, conservando le città della Pentapoli e del Lazio, riuscendo anche a strappare ai Longobardi l'Emilia con le sue città, già conquistate da re Alboino.

Alla fine dell'interregno i duchi longobardi decideranno che era venuto il momento di eleggere tra loro un nuovo re che coordinasse la politica della conquista in modo univoco. La scelta cadde sul figlio di Clefi, Autari, primo marito della Bavarese Teodolinda, seguito in breve tempo da Agilulfo, duca di Torino non propriamente Longobardo essendo di stirpe Turingia, grande sovrano che consolidò le conquiste longobarde, rendendole definitive.

Durante l'invasione dei Longobardi gli Italici furono trattati molto duramente. Quelli che non riuscirono a sfuggire divennero servi dei nuovi padroni. Gli Ostrogoti e i Germani, superstiti delle guerre gotiche presenti nella Penisola che non erano al servizio dell'esercito imperiale, si unirono ai nuovi arrivati riprendendo a opprimere gli autoctoni latini.

Molte comunità autoctone cercheranno rifugio in luoghi impervi e disabitati, lontani dalle strade e dalle vie di comunicazione. Non solo la laguna veneta fornì riparo alle continue guerre e scorrerie, anche remote valli montane degli Appennini e delle Alpi offriranno ricettacolo a gruppi di Italici in fuga. Queste comunità si manterranno pressoché isolate dal mondo per diversi secoli, alimentandosi tramite un economia di sussistenza, molto povera ma che permetteva loro di sopravvivere in piccoli gruppi famigliari in aree impervie di montagna a cui i Longobardi si disinteressavano.

Per la maggioranza degli Italici rimasti sotto il giogo longobardo la sorte era quella usuale che i Germani riservavano agli autoctoni. Quest'ultimi venivano pesantemente discriminati, non potevano servire nell'esercito, né gli era permesso di portare armi di ogni genere, restrizione che faceva degli Italici dei sudditi senza alcun potere politico sul loro stesso suolo. Tra Longobardi e autoctoni erano inoltre severamente vietati i matrimoni misti, tanto che l'Editto di Rotari condannava a morte gli Italici e al bando i Longobardi in caso di unioni miste. Questa pratica era fatta in modo da rimarcare le differenze sociali e rafforzare lo spirito di corpo all'interno dell'esercito che si riconosceva nella casta dominante dei Germani.

Questa divisione venne rimarcata nell'Editto di Rotari del 643, dove si mettevano per iscritto, in lingua latina, le leggi consuetudinarie longobarde, norme che interessavano esclusivamente i Longobardi mentre gli Italici continuarono a rifarsi al diritto romano, secondo il diritto di nascita. Il diritto longobardo, anche se rivisitato, si applicherà in molte zone d'Italia fino al XIV secolo.

In base a queste normative gli Italici erano considerati semplicemente dei sudditi sottomessi e conquistati, cittadini di serie c. I latini si trovarono in una situazione peggiore di quanto avvenne con l'occupazione dell'Italia da parte degli Ostrogoti di Teodorico, i quali, pur mantenendo gli autoctoni in condizioni di sottomissione e segregazione, utilizzavano le loro competenze amministrative di cui i Goti difettavano. Tanto che in quel periodo vi fu un fiorire delle arti i cui protagonisti furono Cassiodoro e Boezio, oltre a una rinnovata amministrazione che portò a ristrutturare monumenti e a ripristinare strade necessarie ai collegamenti per i commerci e gli spostamenti.

Le guerre gotiche avevano però fatto tabula rasa di ogni struttura sociale civile, rendendo superflua una classe amministrativa dotata di competenze proprie, necessarie a mandare avanti uno Stato articolato che ormai non esisteva più. I Longobardi non avevano quindi necessità di una classe amministrativa locale, non facendo altro che trapiantare sul territorio italiano le loro semplici strutture politiche, sfruttando gli autoctoni esclusivamente per la loro forza lavoro come operai e braccianti agricoli. L'unica possibilità per gli Italici di affrancarsi da questo sistema che li vedeva servi dei Germani era la carriera ecclesiastica nel clero cattolico.

Una volta in Italia i Longobardi erediteranno dagli Ostrogoti la loro politica internazionale.

▲ Cavaliere sculdascio longobardo. Da una tavola di Quinto Cenni (dal quaderno caduta dell'Impero romano)

Per tutto il corso della loro storia i Franchi saranno i principali nemici della nazione longobarda così come lo furono dei Goti. Subito dopo la morte di Alboino i Franchi caleranno in Italia con intenti predatori ma sempre verranno respinti. In questo quadro si rinnoverà l'alleanza tra Franchi e Bizantini, facilitata, oltre che dai comuni nemici Visigoti e Longobardi, dalla stessa religione cristiana ortodossa. Nel rispondere a queste minacce la politica dei sovrani longobardi sarà quella di allearsi con altri popoli germanici, come i Visigoti e i Bavari, oltre a cercare di mantenere buoni rapporti con i vicini Avari con cui avevano condiviso il suolo della Pannonia.

▲ Anello sigillo longobardo in oro massiccio scoperto nella necropoli di Trezzo d'Adda, da cui si può osservare la moda dell'epoca seguita dai Longobardi, di cui la barba e i capelli con la scriminatura centrale erano nell'uso comune. Il nome dell'uomo rappresentato è Radchis il cui gesto della mano benedicente e le vesti decorate fanno pensare a un personaggio d'alto rango sepolto a Trezzo con un ricco corredo tra il VI e il VII secolo. La necropoli di Trezzo d'Adda comprendeva cinque tombe appartenenti a arimanni di alto lignaggio ricolme di armi e altre ricchezze che accompagnavano il defunto nel suo viaggio nell'aldilà.

Le alleanze venivano stipulate tramite i matrimoni tra le famiglie reali, importante fu l'unione tra re Autari e la principessa bavarese Teodolinda (Theude-Linda, dal significato di "scudo del popolo"), anche se da parte materna di ascendenza longobarda,[1] che salderà i rapporti diplomatici tra i due popoli. Il successivo matrimonio tra Teodolinda con Agilulfo (Aginulf, Agiulf, dal significato di "lupo che incute terrore") avrebbe dato origine alla cosiddetta dinastia Bavarese o degli Agilolfingi che dominò gran parte del VII secolo con ben otto sovrani di cui faceva parte anche re Cuniperto protagonista della battaglia di Cornate d'Adda.

Il maggior ostacolo a questa politica di alleanze era la religione, essendo i Longobardi di fede ariana, quando non ancora pagana, mentre questi popoli ormai erano divenuti cattolici, anche su influenza dei Franchi, tra i primi Germani a convertirsi alla religione di Roma ai tempi di Clodoveo agli inizi del VI secolo. Persino i Visigoti da ariani erano divenuti cattolici per un miglior riconoscimento al cospetto delle altre nazioni, soprattutto dopo la disfatta e l'annientamento dei Vandali e degli Ostrogoti, campioni dell'eresia ariana.

---

[1] La madre di Teodolinda, che aveva sposato il duca di Baviera Garibaldo, era la principessa Valderada figlia di Vacone re dei Longobardi tra il 510 e il 540.

LA QUESTIONE RELIGIOSA, TRA CRISTIANESIMO E PAGANESIMO

I Longobardi vennero a contatto con il cristianesimo già nel loro soggiorno tra il Norico e la Pannonia, nella forma dell'eresia ariana, dal nome del prete Ario che la diffuse nel IV secolo, secondo cui Cristo era sì figlio di Dio ma ne negava la natura divina, affermandone solo quella umana. L'arianesimo era molto apprezzato tra i Germani che ne facevano una religione di carattere nazionalistico al di là delle controversie teologiche. Per i Longobardi essere ariani rappresentava una forma esasperata di nazionalismo che li distingueva dai popoli delle altre nazioni e dagli stessi Italici a loro sottomessi, in larga parte fedeli alla religione cattolica ortodossa.

Nell'arianesimo poi Cristo era solo un uomo che i Germani esaltavano come un eroe in continua lotta contro il destino, così da poterlo assimilare alla concezione eroica e dinamica della vita, tipica dello spirito indeuropeo.

I Longobardi avevano comunque per la religione un atteggiamento improntato al sincretismo, anzi, molti di loro mantennero le antiche credenze pagane facendo ancora per molto tempo sacrifici agli Dei. Le stesse tombe longobarde in Italia mostrano come questo popolo germanico mantenesse le antiche tradizioni, con l'usanza di seppellire i morti con le proprie ricchezze e armi, pratica da sempre condannata dal cristianesimo. Molte sono le sepolture longobarde in Italia che, tra il VI e il VII secolo, presentano modalità arcaiche, riconducibili alla avita religione pagana. Interessanti le inumazioni rinvenute nelle necropoli di Nocera Umbra, Goito (MN) e a Fornovo S. Giovanni ricche di corredi funebri come armi, scudi da parata e le caratteristiche croci d'oro in lamine sottili diffuse dal VII e di derivazione bizantina e cattolica. Tutto questo è sintomo di un diffuso sincretismo religioso che, nelle stesse sepolture, si associa al sacrificio rituale dei propri cavalli, secondo una antica usanza che risale al mondo indeuropeo. Nel castello di Trezzo d'Adda si è rinvenuta una interessante necropoli longobarda dove i corredi funebri rispecchiano la professione

▲ Spilla visigota in argento risalente al VI secolo quando i Visigoti erano ancora di religione ariana, mantenendo però vive le tradizioni pagane attraverso un diffuso sincretismo, di cui la croce gamma della spilla ne è testimonianza. La conversione dei Visigoti al cattolicesimo all'inizio del VII secolo aumenterà l'isolamento internazionale dei Longobardi ancora di religione ariana.

e il ceto sociale degli inumati. Il corredo di queste tombe è molto ricco e appartiene a importanti dignitari del luogo, conservando armi, monete d'oro, gioielli, croci in lamine d'oro e due preziosi anelli d'oro che fungevano da sigilli con impressi i nomi e il ritratto dei due possessori ivi sepolti, Radchis e Ansvaldo.

Altra usanza legata agli antichi culti era quella delle pertiche, cioè delle lance infisse nel terreno e sormontate dalla figura lignea di un uccello, spesso una colomba, che guardava in direzione del luogo dove il guerriero era caduto durante una campagna militare. Si trattava di un cenotafio a ricordo perpetuo di coloro che erano sepolti lontano sui campi di battaglia.

Nell'Italia longobarda del VII secolo si trovavano quindi a convivere diverse confessioni religiose; i pagani, gli ariani e gli aderenti allo scisma dei Tre Capitoli o tricapitolino, mentre la massa della popolazione di origine latina era in gran parte cattolica. Questo scisma tricapitolino fu causato da papa Pelagio (556 – 561) che voleva condannati tre teologi orientali e i loro scritti, detti, appunto, capitoli. A questa decisione si ribellarono i patriarchi di Aquileia e di Milano, ribellione che perdurò dopo l'arrivo dei Longobardi in Italia. Dal punto di vista teologico la controversia era di minima entità, bizantinismi religiosi di moda in quel periodo a Costantinopoli, malgrado ciò lo scisma si protrarrà per oltre un secolo, soprattutto in Italia. In questo lungo perdurare dello scisma va vista la volontà dei Longobardi nel mantenere divisa la popolazione cattolica sottomessa, tramite sfumature religiose più di facciata che sostanziali. Un utile modo di dividere e imperare sui conquistati che andò a perdere significato quando la totalità dei Longobardi passerà al cattolicesimo abbandonando l'eresia ariana. È interessante notare che anche la regina Teodolinda aderiva allo scisma tricapitolino, senza per questo impedirgli di essere santificata dai cattolici dopo la sua morte.

La regina dei Longobardi avrà comunque un ruolo fondamentale nella conversione di molti di loro al cattolicesimo, soprattutto gli arimanni, i nobili legati alla corte di Pavia e di coloro che vivevano nella parte occidentale del regno longobardo, regione allora chiamata Neustria, dove vi erano le più importanti città del regno, come Pavia e Monza.

Teodolinda manterrà anche un carteggio con papa Gregorio Magno, favorendo la pace tra i Longobardi e la città di Roma.

Il marito Agilulfo rimarrà ariano per non scontentare i Longobardi di questa confessione e rischiare di dividere i suoi sudditi, questo anche se la politica internazionale spingeva a una

▲ Tomba di arimanno con un ricco corredo di armi, tra cui si può osservare una spada e l'umbone metallico dello scudo posto sopra il capo. (Cividale del Friuli)

◄ Croce in lamina d'oro risalente al VII secolo e rinvenuta a Beinasco (TO) era cucita sul velo funebre che copriva il volto dei defunti di alto rango. (Museo di Antichità di Torino)

conversione alla religione di Roma che poteva facilitare i rapporti diplomatici con le altre nazioni cattoliche che ormai erano la totalità da quando anche i Visigoti si erano convertiti al cattolicesimo. Agilulfo vorrà quindi battezzare nella religione di Roma suo figlio Adaloaldo in ossequio a Teodolinda, in modo così da agevolarne la carriera politica e la successione al trono. Infatti Adaloaldo sarà il primo sovrano longobardo di fede cattolica, cosa che gli faciliterà i rapporti con i vicini Bizantini e Franchi. La politica di pace con i Bizantini costerà a Adaloaldo il trono, dopo aver suscitato la collera dei Longobardi nazionalisti, ostili alla politica filo-bizantina, e dopo essere stato accusato di svendere il regno agli stessi Bizantini, malgrado l'appoggio del papa Onorio I, venne spodestato dal duca di Torino, l'ariano Arioaldo, di Adaloaldo, poi, non si seppe più nulla.

La conversione di molti longobardi al cristianesimo, soprattutto cattolico, si evidenzia con la realizzazione di nuovi edifici sacri, molte le chiese lignee costruite in quel periodo, chiese che successivamente vennero ricostruite in più solida muratura. Anche le abitudini d'inumazione andarono cambiando nel corso del VII secolo, passando da necropoli a schiera poste fuori dal contesto urbano a tombe realizzate vicino alle chiese cittadine diffuse alla fine di quel secolo. Successivamente i sovrani cercheranno di limitare, tramite leggi, le pratiche pagane. Nell'Editto di Rotari si condannava chi credeva alle streghe secondo un'usanza ancestrale e pagana. Il cap. 376 così recita: "Nessuno osi uccidere un'aldia o una schiava altrui quasi fosse una strega (che chiamano anche masca), poiché non è credibile alle menti cristiane, né è possibile, che una donna possa cibarsi delle parti interne di un uomo vivo. Se peraltro qualcuno avrà osato consumare questo illecito e nefando delitto, se avrà ucciso un'aldia, la risarcisca in funzione del suo valore sociale con 60 soldi, e paghi inoltre un'ammenda di 100 soldi per metà al re e per metà al proprietario dell'aldia etc.". Per i cristiani dell'epoca non era concepibile credere alle streghe, ritenendo questo una superstizione pagana. Anche Liutrprando nel 727 emanò una legge a riguardo che condannava le superstizioni in questo modo:"Se qualcuno, dimentico del timor di Dio, si sarà rivolto a un mago o a una maga per ottenere auspici o qualunque responso, paghi al sacro palazzo la metà del prezzo, secondo il suo guidrigildo (valore sociale personale) che un altro avrebbe dovuto pagare se l'avesse ucciso; inoltre faccia penitenza secondo quanto è disposto dai canoni".

▲ Spilla longobarda con immagine solare (svastica) composta da intreccio di serpi che rimanda a un simbolismo pagano già presente al tempo della loro permanenza nel Baltico e che si perpetuava ancora in terra italica soprattutto tra chi praticava la confessione ariana. Per i cristiani la croce uncinata diverrà un simbolo cristologico, spesso scolpito all'interno delle chiese, in una modalità che rielaborava le convinzioni pagane in chiave cristiana. (Museo Stibbert Firenze).

▶ Croce in sottile lamina d'oro usata nelle tombe longobarde di rango, simbolo della devozione del defunto al cristianesimo, spesso reinterpretato alla luce della cultura germanica, come si evince dall'usanza dei corredi funebri nelle sepolture. (VII secolo, Museo di Cividale del Friuli)

Solo verso il basso medioevo, con l'assimilazione dei costumi germanici da parte della chiesa e, soprattutto, con l'ossessione dell'eresia, la chiesa stessa sarà portata a credere all'esistenza e al pericolo reale delle streghe e lancerà una vera persecuzione contro le donne che venivano ritenute vicine alle antiche credenze.

Al loro arrivo i Longobardi non si curarono molto dell'aspetto religioso tanto che saccheggiarono chiese e monasteri uccidendo tutti i sacerdoti e monaci su cui riuscivano mettere mano, così dimostrando che la fede ariana era comunque solo di facciata e il paganesimo germanico rimaneva ben radicato nell'animo anche di coloro che si erano convertiti all'arianesimo.

Nel corso del VII secolo tra cristianesimo e paganesimo si instaurò spesso un sincretismo che mediava la cultura dominante tra i Germani, sincretismo che si attuerà in modo più diretto con l'arianesimo da cui si sviluppò la devozione per santi guerrieri, come San Giorgio e, in particolare, il santo prediletto dei Longobardi; l'arcangelo Michele, santo guerriero per eccellenza, che era equiparato al Dio a cui questo popolo si era votato: Wotan.

In ogni caso le pratiche pagane connesse alla guerra e alla stirpe si perpetuarono nel tempo anche dopo la formale conversione al cattolicesimo, questo non era poi limitato solo ai

Longobardi ma a tutti i popoli germanici convertiti al cristianesimo. Il duello giudiziario e l'adorazione degli alberi sacri erano praticati nell'Europa del tempo, ancora nel 639 in Francia sono attestate pratiche devozionali legate agli alberi, così come nel 660 a Benevento si praticavano riti simili. Il duca di quest'ultima città in quel periodo, anche se ufficialmente cristiano, non solo permetteva liberamente queste cerimonie pagane ma, si dice, che lui stesso venerava una vipera, animale sacro ai Longobardi, probabilmente all'origine del più tardo biscione visconteo.

Questo tipo di sincretismo religioso germanico si protrarrà nel tempo, anche molto tempo dopo la scomparsa dei Longobardi come entità politica, verrà anzi interiorizzato nella tradizione della chiesa medioevale che manterrà una forte impronta germanica. La chiesa medioevale andrà infatti a accettare una serie di ancestrali tradizioni germaniche come il giudizio di Dio (ordalia) e l'investitura dei cavalieri che faranno dell'uomo d'armi una figura funzionale al cristianesimo, in origine pacifico, che accettava la guerra nell'unica prospettiva dettata da Sant'Agostino della guerra giusta. La successiva accettazione della guerra santa può anch'essa essere interpretata all'insegna di un nazionalismo cattolico d'impronta germanica che vedeva le nazioni europee opporsi agli stranieri, compresi i cristiani ortodossi bizantini, con la concessione della tregua di Dio che doveva portare pace almeno all'interno del mondo cattolico.

Questa adesione al mondo germanico pagano si protrarrà nella chiesa fino alla fine del medioevo quando, con il concilio di Trento, si inizierà un nuovo capitolo nella chiesa di Roma che metterà fine a ogni ingerenza del paganesimo proveniente dal passato, anche a costo dei brutali metodi dell'inquisizione.

Se il paganesimo verrà così interiorizzato nella chiesa a partire dal tempo dei Longobardi l'eresia ariana venne invece attaccata in maniera seria dai sovrani di Pavia già a partire da re Ariberto I (653 – 661), contrastato però dai duchi ariani in questo tentativo che non ebbe successo. Solo il sinodo o concilio di Pavia del 698 metterà finalmente fine sia allo scisma tricapitolino che l'eresia ariana, ma questo sarà possibile solo dopo la precedente vittoria da parte cattolica della battaglia di Cornate d'Adda.

▲ Gasindo longobardo. Tratto da una tavola di Quinto Cenni (dal quaderno caduta dell'Impero romano)

LA GUERRA CIVILE

Soprattutto nei primi decenni della loro storia i Longobardi saranno intenti in una serie di lotte intestine che vedevano spesso contrapposti i duchi al potere centrale di Pavia in un clima di guerra perpetua. Normalmente si trattava di rivolte locali in cui i duchi ribelli avevano la peggio.

L'influenza della regina Teodolinda e del suo seguito cattolico cominciò a erodere potere agli ariani della corte regia di Pavia. Numerose le basiliche cattoliche fatte costruire dalla regina in tutto il regno, in particolare nell'attuale Lombardia. Risale a quel periodo la chiesa di San Giovanni Battista a Monza dove da allora verrà conservata la Corona Ferrea. La fondazione del monastero cattolico di Bobbio da parte del monaco irlandese San Colombano e la successiva diretta tutela del monastero da parte di papa Onorio ne fece un'importante centrale di proselitismo cattolico presso gli arimanni longobardi, soprattutto nella parte occidentale del regno, forse la più importante vista la presenza della capitale Pavia in quell'area.

Le avvisaglie dell'attrito tra ariani e cattolici all'interno del popolo Longobardo si ebbe già con l'assassinio di Gundoaldo (Gundwald, "potente in battaglia"), duca d'Asti e fratello di Teodolinda, colpito da una freccia cui non si scoprì mai da chi venne scoccata ma che si può ravvisare in un'azione da parte della fazione ariana più nazionalista contro quella cattolica, propagandata dalla dinastia bavarese. Si veniva così lentamente a creare una divisione politica interna al popolo longobardo simile a quanto era avvenuto un secolo prima tra gli Ostrogoti che si divisero in un partito nazionalista legato alle tradizioni germaniche e uno più propenso a venire a patti con cattolici e Bizantini, fazione, quest'ultima capeggiata dalla reggente al regno Amalasunta, figlia di Teodorico.

▲ Rotari assiso in trono, estensore dell'omonima raccolta di leggi scritte, in una miniatura medioevale dell'XI secolo. (Badia della SS. Trinità, Cava dei Tirreni)

Agilulfo morirà nel 616, uno dei rari re longobardi a morire nel proprio letto, in quel momento il primo in assoluto a lasciare questo mondo per cause naturali rompendo una tradizione germanica ben consolidata. A succedergli il figlio Adaloaldo, primo sovrano cattolico. Come si è detto i motivi dell'eliminazione di questo sovrano e l'arresto della regina, la cattolica Gundeperga, sono da ricercare proprio nella reazione della fazione ariana, di cui il successivo re Arioaldo ne era il paladino, alla politica filo-cattolica di Adaloaldo.

Il nuovo sovrano ebbe comunque un atteggiamento benevolo con i suoi compatrioti che si davano al cattolicesimo. Arioaldo si sposò perfino con Gundeperga, dopo che era stata scagionata dalle sue accuse grazie a un duello giudiziario vinto dal campione della regina.

Sempre Gundeperga sarà protagonista, alla morte del reale consorte nel 636, quando, pilotando la sua decisione di scegliere il nuovo sposo e re, i duchi decideranno di darla in moglie all'ariano Rotari (Rotharit, dal significato di "capo glorioso"), il futuro estensore dell'editto omonimo e duca di Brescia. Questa era una soluzione per accontentare i filo-ariani che, sentendosi esclusi dai giochi di potere, avrebbero potuto far esplodere il loro malcontento con le armi. Questa trovata, già sperimentata ai tempi di Teodolinda, permetteva un sostanziale equilibrio tra le fazioni longobarde che si contendevano il potere, evitando così una guerra civile già preannunciata.

Rotari fu un re dallo spiccato senso nazionalista che ebbe grande seguito tra i suoi Longobardi, grazie anche alle numerose campagne di successo sferrate contro l'impero bizantino. La Liguria, propriamente detta, venne finalmente conquistata mentre l'Esarcato e la Pentapoli ancora resistevano alla violenta pressione dei Germani.

La saggezza e la tolleranza di Rotari non poté però impedire alla fazione cattolica, legata soprattutto alla dinastia Bavarese, di rafforzarsi in Neustria, grazie anche a un elevato numero di conversioni.

La morte di Rotari nel 652 portò al trono il figlio Rodoaldo, anch'egli ariano malgrado fosse figlio della regina cattolica Gundeperga. Rodoaldo non ebbe molto tempo per esercitare il suo potere poiché venne assassinato da un servo dopo pochi mesi.

A questo punto la dinastia Bavarese tornò al potere con Ariperto I (Aripert dal significato di "illustre nel popolo in armi"), duca d'Asti e figlio di Gundoaldo, fratello di Teodolinda. Il nuovo re perseguì in modo deciso una politica filo-cattolica e filo-romana. Ariperto si impegnò contro l'eresia ariana, tanto che riuscì a debellarla in larga parte in Neustria. Questa politica era anche volta a portare il papato sotto l'area d'influenza Longobarda, visto che in quel periodo, esattamente nel 653, papa Martino venne eletto al soglio pontificio senza l'avvallo dell'imperatore come era prassi a quel tempo, quando, dopo l'indicazione del senato di Roma, seguiva sempre la conferma imperiale. Per tutta la durata di quel papato i rapporti tra Roma e Costantinopoli si raffreddarono molto per poi rinsaldarsi con l'elezione del nuovo pontefice nel 657 di nome Vitaliano.

L'adesione di Ariperto al cattolicesimo fu tale che al momento della sua morte si seguì la legge franca per la successione al regno che fu diviso tra i suoi due figli, Godeperto (godepert, "illustre in Dio") e Pertarito (chiamato anche Bertarido), secondo la legge Salica. Così come accadeva normalmente tra i Franchi in queste occasioni, anche tra i Longobardi si accese una guerra tra i due fratelli per il dominio sul regno. Godeperto padrone di Pavia veniva aiutato dai filo-cattolici, mentre Pertarito, insediato a Milano, cercava un appoggio tra la fazione ariana.

In una controversia, tutta tra Neustriani, che appassionava poco gli altri Longobardi, fu Grimoaldo, duca di Benevento, a trarne giovamento. Chiamato in soccorso da Godeperto contro il proprio fratello, nel 662, cosa che non gli portò che guai visto che, una volta a Pavia, Grimoaldo lo uccise di persona con un fendente della sua spada. Subito dopo il nuovo re sposò la sorella dei due litiganti in modo da legittimarne il potere al trono, oltre che perpetuare una politica di equilibrio nei confronti della potente fazione filo-cattolica dato che ella era di religione cattolica come i fratelli, mentre Grimoaldo era molto probabilmente ariano.

Pertarito, vista la malaparata, decise di darsi alla fuga, prima a oriente, nel paese degli Avari e successivamente, fu costretto all'esilio presso i Franchi, dopo essere passato da Pavia e aver rischiato di essere velocemente giustiziato da Grimoaldo, ormai ben saldo al trono. Fu da questa controversia che si generò la disastrosa spedizione dei Neustriani di Francia contro i Longobardi nel 663 che Grimoaldo annientò in un attacco a sorpresa nei pressi di Asti.

In politica interna il sovrano ariano si dimostrerà spesso inflessibile, stroncando la rivolta del duca del Friuli Lupo (nome di derivazione latina) sfruttando l'alleanza con gli Avari, che, poi, dovrà però scacciare personalmente dal Friuli a causa della loro crudele attitudine al saccheggio. Con i cattolici si dimostrerà spesso spietato come quando conquistò la città ribelle di Forlimpopoli il giorno di Pasqua, massacrando tutti i religiosi intenti nelle funzioni sacre all'interno del battistero.

La morte di Grimoaldo nel 671 metterà fine alla politica di sostanziale equilibrio tra i filo-cattolici di Neustria e gli ariani presenti soprattutto in Austria, sistema che aveva garantito una stabilità interna come già era accaduto con Rotari e Agilulfo prima di lui. La dinastia bavarese tornerà al comando del regno con il rientro dall'esilio in Francia di Pertarito dopo che i duchi decisero di deporre immediatamente dal trono Garibaldo, il giovane figlio di Grimoaldo.

La decisione dei duchi, ratificata dall'assemblea del popolo longobardo, non

▲ Croce di Agilulfo. Gli artigiani longobardi erano grandi orafi e lo dimostravano con queste opere d'arte in oro e pietre dure. (Monza Museo del Duomo)

ebbe però fortuna visto che scatenò il malcontento della fazione ariana.

Pertarito era infatti un fervente cattolico che proseguì una politica di evangelizzazione nei confronti di ariani e pagani, fondando anche numerose chiese e monasteri, favorendo il clero cattolico a discapito di quello ariano, tanto da favorire il potere papale nella stessa diocesi della capitale Pavia. Tanta fu la devozione del re che scatenò un pogrom contro gli ebrei che vivevano allora nelle città italiane, uccidendo molti di questi giudei in esecuzioni sommarie. Da molti decenni vi erano attriti tra i cristiani e le comunità ebraiche, almeno da quando la Palestina era stata conquistata dai Sassanidi lasciando mano libera ai Giudei di Gerusalemme contro i Cristiani del luogo.

In politica estera i Longobardi stipularono per la prima volta un trattato di pace con i Bizantini guidati dall'imperatore Costantino IV che, per la prima volta, riconosceva il regno di Longobardia e la sua sovranità sul territorio italico in cambio della rinuncia nel rivendicare le regioni bizantine dell'Esarcato, della Pentapoli e di Roma.

La politica filo-cattolica e filo-romana di Pertarito suscitò la reazione del duca di Trento Alachis che governava su un territorio largamente ariano, spalleggiato nella ribellione dagli altri duchi ariani dell'Austria. La causa scatenante fu, probabilmente, l'associazione al trono di Pavia del figlio maggiore del re, Cuniperto, che, contro la consuetudine, sanciva la successione per diritto dinastico, cosa che esautorava l'assemblea elettiva dei guerrieri, oltre al fatto che Cuniperto sarebbe stato il continuatore di una politica di pace con i nemici tradizionali dei Longobardi.

Nella guerra contro i ribelli Pertarito invocò l'aiuto dei Bavari, alleati e legati a lui da vincoli di sangue, questi calarono presto nella valle dell'Adige nell'anno 679, venendo duramente sconfitti. Successivamente Pertarito assediò nella città di Trento il campione della rivolta ariana Alachis. Una inaspettata sortita di Alachis dal campo trincerato di Trento riuscì, però, a ricacciare verso sud Pertarito e il suo esercito che cercava di congiungersi con gli alleati Bavaresi e serrare il duca ribelle nella sua città di Trento. Solo l'intervento diplomatico dell'erede al trono Cuniperto che, oltre che figlio di Pertarito, era anche amico personale di Alachis, permise di risolvere una situazione divenuta pericolosa per il re che rischiava di dover affrontare il duca di Trento insieme a tutti i duchi dell'Austria al suo fianco. Cuniperto riuscirà a convincere Alachis alla pace solo grazie alla concessione del ducato di Brescia in suo favore, ducato molto più ricco del suo Trentino, territorio montano allora povero di risorse e spopolato. La soluzione del conflitto era però solo temporanea visto che non si trattava solo di un confronto per aumentare il potere di qualche duca né di mere questioni legate alla successione dinastica.

I motivi profondi di queste lotte erano generate dai timori politici della fazione ariana di una possibile collusione da parte dei cattolici longobardi con i nemici Franchi e Bizantini, anch'essi di religione cattolica. A ciò si aggiungeva il timore delle farae ariane di perdere potere a favore di quelle cattoliche più cosmopolite, maggiormente favorite negli accordi internazionali.

Se il trattato con Alachis ristabiliva la pace, al contempo sanciva la definitiva rottura tra la cattolica Neustria e l'Austria ariana, regione dove il duca di Trento aveva sempre più potere.

Nel 688 Pertarito morì lasciando in eredità il reame al figlio Cuniperto che andava ereditando anche la difficile situazione politica con la parte orientale del regno.

GLI OPPOSTI COMANDANTI

Nella storia delle battaglie non capita spesso che i due contendenti fossero amici prima di dividersi e combattersi all'ultimo sangue. Paolo Diacono ci svela come il legame di amicizia tra Cuniperto e Alachis fosse forte anche quando quest'ultimo prese le armi contro re Pertarito e come solo l'intervento diplomatico di Cuniperto impedì ad duca di Trento di occupare la Neustria. Questa amicizia sarebbe però svanita al momento dell'incoronazione di Cuniperto e al successivo scoppio della guerra civile tra i due.
Cuniperto dal germanico Kunibert da cui anche Cunimperto o Cuniberto (dal significato di "illustre e coraggioso", da kuhn "valoroso" e beraht "brillante", "illustre", "animo") soprannominato il Pio, probabilmente per il suo contributo fondamentale alla causa cattolica che permetterà al regno di omogeneizzarsi al cattolicesimo, dissolvendo ogni altra forma di religione o eresia.
Nato intorno al 660 a Milano (o forse Pavia) dove passò la prima infanzia nel periodo in cui suo padre Pertarito si trovava in lotta con il fratello Godeperto che invece si trovava a Pavia. Durante la fuga in esilio del padre Cuniperto e la madre Rodolinda ripararono presso il ducato di Benevento dove rimasero al sicuro da eventuali rappresaglie di re Grimoaldo.
Una volta esauritasi la minaccia che gravava su Pertarito con la morte di Grimoaldo nel 671, la famiglia riuscì a ricomporsi a Pavia con lo stesso Pertarito ormai nuovo sovrano del regno

▲ Tremisse d'oro raffigurante re Cuniperto come un uomo senza barba con un diadema in capo e riccamente ornato nelle vesti. A destra l'arcangelo Michele, molto venerato dai Longobardi in quanto figura di congiunzione con l'antico pantheon pagano che lo faceva assimilare a Thor (entrambi legati ai fenomeni atmosferici come i fulmini) o Odino. Cuniperto fu il primo sovrano longobardo a intestarsi il conio delle monete alla moda imperiale. La mano di Cuniperto in evidenza indica come solo il re e lo Stato può battere moneta, in riferimento all'editto di Rotari che condanna i falsari al taglio della mano.

dei Longobardi. Risale certo a quel periodo l'amicizia tra il futuro sovrano e il ribelle Alachis, come ricorda lo stesso Alachis prima della battaglia finale di Cornate d'Adda, ricordando come avessero trascorso l'infanzia insieme presso il palazzo reale di Pavia.

A Cuniperto venne affidato il ducato d'Asti che già era stato appannaggio del padre, fino a essere associato al regno come correggente nel 680. Collaborando attivamente con il padre sottoscriverà gli accordi di pace con l'impero bizantino, impegnandosi a rinunciare a future conquiste a scapito di Costantinopoli. Come si è detto la sua amicizia con Alachis riuscì a ricomporre la prima rivolta del duca di Trento tramite un accordo diplomatico, cosa che non sarà più possibile quando lo stesso Cuniperto divenne re.

La successiva vittoria contro Alachis a Coronate d'Adda farà di Cuniperto il campione della cristianità cattolica in Italia. Collaborando con papa Sergio I riuscì a mettere fine allo scisma tricapitolino oltre a quello ariano diffuso tra i Longobardi. Questa unificazione religiosa portò una maggiore coesione nel regno tra Longobardi ma, anche, una maggior comprensione rispetto i Latini.

Sposato con una principessa Anglosassone, Ermelinda del Kent, testimonia i legami con tale popolo risalenti anche al periodo dell'esilio di Pertarito che, proprio prima di essere richiamato in patria, per essere incoronato, stava raggiungendo l'altra sponda della Manica in territorio appartenente agli anglosassoni con cui aveva ottimi rapporti. A Pavia la presenza di una regina Inglese favorì lo svilupparsi di una comunità anglosassone numerosa, favorita anche dal passaggio di molti pellegrini di quelle contrade che andavano verso Roma. Tra questi pellegrini il re inglese Celoaldo che transitò da Pavia prima di recarsi a Roma e morire, la notte di Pasqua, per il freddo preso durante il rito lustrale del battesimo.

Cuniperto viene descritto come un uomo di grande forza fisica e coraggio anche se dedito al

▲ Frontale detto di Agilulfo, del VII secolo in bronzo dorato. Probabile frontale di un elmo lamellare. Riccamente decorato con l'immagine del sovrano assiso in trono tra due guerrieri armati di corazza e elmo lamellari. Simbolo di regalità, di ordine e disciplina militare. (Museo del Bargello, Firenze)

bere, così come spesso lo descrive lo stesso Alachis.

La riconciliazione della Patria gli guadagnò la simpatia del suo popolo e dello stesso storiografo Paolo Diacono che pare perdonargli la tendenza di questo re ad approfittarsi del proprio ruolo di potere che lo portava a operare vendette personali oltre che ottenere tutto ciò che desiderava. Paolo Diacono così lo descrive in modo agiografico: "Fu un uomo squisito, noto per ogni forma di bontà, audace in guerra. Con molte lacrime dei Longobardi fu sepolto presso la basilica del Salvatore, che un tempo aveva costruito il suo avo Ariperto." (Storia dei Longobardi, Libro sesto, 17)

La sua morte nel 700 lascerà il regno Longobardo pacificato e ricco di edifici religiosi, mentre la dinastia bavara regnerà a Pavia nei successi anni con altri quattro sovrani.

Del duca di Trento Alachis (Alahis o Alagis) Paolo Diacono ci fornisce meno notizie e, quelle poche, non sono molto edificanti, venendo descritto come un crudele usurpatore del potere regio. La sua regione di provenienza, il Trentino, era piuttosto arretrata, nelle valli si praticava ancora largamente il paganesimo, inteso proprio come pagus, cioè l'antica circoscrizione rurale romana, con ancestrali riti propiziatori legati alle messi e alla natura. Questi riti si manterranno a lungo nelle valli più isolate come la Val di Non, la Val di Sole e la Val Tesino, tanto che in quest'ultima località si svolgevano riti e sacrifici agli Dei fino al XVI secolo.

Di Alachis sappiamo che era di religione ariana e duca di Trento dal 678. Si ribellò con successo nel 680 contro Pertarito, riuscendo a aumentare la sua influenza sui Longobardi ariani, oltre che occupare il ducato di Brescia.

Grazie alla sua autorità di signore di due importanti ducati riuscirà a coalizzare il partito nazionalista al momento dell'elezione a re di Cuniperto nel 688, occupando velocemente la capitale Pavia e, contemporaneamente, il trono.

Viene dipinto come un vero mangiapreti, un nemico della religione cristiana che non si preoccupava di perseguitare e umiliare il clero cattolico, senza ritegno per la comune fede religiosa, in un modo non molto dissimile da quanto successo nel periodo dell'invasione longobarda dell'Italia. Questo modo di agire fa pensare al comportamento di un pagano più che di un cristiano, cosa avvalorata dal momento che andava a chiedere l'aiuto di Dio per eliminare fisicamente i suoi ministri, o meglio, i preti, ministri di culto del Dio cristiano. Non per nulla Paolo Diacono chiama Alachis figlio del Maligno, confermandone la natura non cristiana della sua anima. Solo questo può spiegare le crudeltà a cui sottopose il clero di Pavia che, una volta re, doveva essere la sua capitale, cosa che doveva spingerlo alla moderazione così come fecero tutti i sovrani ariani prima di lui.

Il governo di Alachis fu certo tirannico, persino tra gli ariani, tanto, che al momento di scendere in battaglia contro i Neustriani, obbligò molti Longobardi dell'area orientale a seguirlo con la forza più che con la persuasione. Questo aspetto autocratico e dispotico del carattere di Alachis contribuì a alienarsi molte simpatie da parte della fazione nazionalista che avrebbe meglio potuto aiutarlo nella lotta contro i filo-cattolici di Cuniperto e, alla fine, gli costerà la vita nella battaglia decisiva.

▲ Guerriero longobardo. In assetto da combattimento. Elaborazione grafica di L. Cristini

LE OPPOSTE ARMATE

Nel corso dei tre secoli di permanenza in Italia l'esercito longobardo subì diverse modifiche, gli eserciti che si affrontarono nella battaglia di Cornate d'Adda, alla fine del VII secolo, erano diversi da quelli del periodo di Alboino e dell'invasione dell'Italia, così come saranno ancora diversi gli eserciti successivi del periodo di Liutprando.

RECLUTAMENTO E ORGANIZZAZIONE:

Fin dal periodo delle migrazioni ogni uomo libero longobardo era automaticamente un guerriero, proprio per questo i Longobardi si consideravano un popolo in armi; "Populus Exercitus", per cui non esisteva distinzione tra l'esercito e il resto della popolazione libera. Fin dalla loro nascita con l'antico nome di Winili la loro principale occupazione era la guerra ed erano dei guerrieri a tempo pieno, perennemente in armi. Le fondamenta principale dell'esercito era la fara, il clan o famiglia allargata, era l'unità base della formazione di battaglia da cui si formava lo schieramento al momento dello scontro con il nemico. I legami che legavano i guerrieri all'interno della fara erano quelli di sangue e di amicizia, così da rafforzare lo spirito di corpo all'interno dell'esercito.

Alla fine del VII secolo ormai i Longobardi erano da tempo un popolo sedentario con un loro regno ben radicato sul suolo italico, le farae non avevano più l'importanza che avevano al momento della loro marcia dalla Scandinavia all'Italia. I legami di sangue erano ancora fondamentali per godere dei pieni diritti politici all'interno della società longobarda, il reclutamento avveniva però su basi regionali dove la fara aveva perso la sua centralità.

La stato longobardo era retto dal re che esercitava il suo governo anche sui sudditi italici conquistati, privi di ogni diritto politico. La carica regia era elettiva con i duchi che dovevano scegliere tra loro chi fosse più degno a ricoprire tale ruolo che implicava essenzialmente la guida dell'esercito al completo nei momenti di maggior pericolo che richiedevano unità di comando durante la campagna militare. Si capisce che dopo la morte di Alboino la facilità nella conquista dell'Italia rendeva superfluo un comandante in capo.

Il re aveva il compito di indire la mobilitazione in caso di guerra con l'heribannum, la leva generale.

Installata la residenza presso il palazzo di Teodorico a Pavia i re longobardi avranno, in un secondo tempo anche funzioni

▲ Umbone di scudo longobardi in ferro e bronzo dorato con triskell centrale.

amministrative e legislative, in particolare quando Rotari mise per iscritto le leggi consuetudinarie del suo popolo, contrastando la faida a favore di compensazioni in denaro per ogni misfatto. L'elezione del re doveva essere ratificata dall'assemblea degli arimanni, detta Gairethinx (letteralmente "assemblea delle lance"), cioè di tutti gli uomini liberi, che aveva il compito di valutare le scelte politiche e legislative. Con lo stanziamento in Italia e la dispersione dei Longobardi sul suo vasto territorio era ormai impossibile convocare un'assemblea plenaria, così si decise che la ratifica veniva effettuata dagli arimanni presenti nella capitale pavese.

Dalla seconda metà del VII secolo i sovrani si circondarono anche di una guardia del corpo (comitatus), di assoluta fedeltà, chiamata gasindi, si trattava guerrieri svincolati dai legami con i duchi andando a dipendere direttamente dal re, erano probabilmente cavalieri, ben armati, pronti a intervenire in maniera rapida dove vi era più bisogno.

I duchi (dal latino duces, capo militare) avranno una grande importanza per i longobardi una volta stabilitisi in Italia e sviluppato un potere prettamente territoriale. Spesso irrequieti e autonomi tra loro erano dei comandanti militari regionali legati al loro territorio ducale dove esercitavano un ampio potere. Per limitare questo potere e tenerli sotto controllo il re affiancava al duca la figura del gastaldo, funzionario regio con compiti amministrativi.

Al di sotto dei duchi vi erano gli sculdasci (sculdahis), ufficiali superiori con funzioni militari e anche amministrative in territori detti sculdascie all'interno del territorio ducale. Al di sotto degli sculdasci vi erano i decani dal cui nome si ipotizza il comando di un reparto di una decina di uomini. Più decanie formavano le centurie, ognuna di cento guerrieri, queste centurie erano le unità di base dell'esercito comandato dal duca o dal sovrano. È possibile che tale suddivisione sia stata valida sia per le unità di cavalleria che per quelle di fanteria.

Da queste figure partiva l'organizzazione della mobilitazione dell'esercito, scegliendo i luoghi di ammassamento, la logistica e i reparti che dovevano essere impiegati a seconda della durata e della tipologia della campagna militare.

La base dell'esercito era formata dagli arimanni, cioè uomo dell'esercito, ("heer-mann" da Heer: esercito e Mann: uomo). Arimanni erano tutti gli uomini liberi abili alle armi dai 12 anni in su. Chi non era in grado di maneggiare armi non era titolare di diritto giuridico, questo fino al momento dell'invasione perché, già con Rotari, l'uso delle armi non era più essenziale per essere riconosciuti come uomini liberi, ad essere considerati uomini liberi erano, ormai, anche gli ecclesiastici cattolici e ariani. Questo cambiamento era quanto di più lontano dalla mentalità di Alachis che aveva in gran spregio chiunque non si dedicasse in prima persona alla tradizionale arte della guerra.

La vita delle famiglie longobarde si svolgeva nelle città o nei villaggi ma più frequentemente all'interno di fattorie indipendenti (dette curtis), separate dal resto della popolazione latina.

Per gli arimanni l'occupazione abituale, e anche unica, era la guerra, per cui dovevano vivere del lavoro dei popoli conquistati che venivano chiamati "tributari", proprio perché cedevano un terzo del loro raccolto ai Longobardi e alle loro famiglie che si erano insediate sul loro territorio. Questi tributari erano gli italici conquistati che erano divenuti servi della gleba vincolati alla terra in perpetuo, perdendo la loro libertà, se ne avevano mai avuta, e appartenevano alla classe dei semi-liberi detta degli "aldi" a cui era tassativamente vietato portare armi anche al

▲ Placchetta in bronzo dorato di scudo da parata appartenente allo scudo di Stabio, rappresentante una figura zoomorfa (forse un leone). (Berna, Historisches Museum)

tempo di Cuniperto. Sarà solo con Liutprando che queste norme cambieranno.
L'ultima classe era quella dei servi; gli schiavi, oggetti al servizio dei loro padroni.
Anche tra la classe degli arimanni vi erano differenze in base al censo, in base proprio alla ricchezza che si manifestava nella varietà degli armamenti dei singoli guerrieri. Nelle tombe longobarde sono presenti le panoplie che attestano la ricchezza del guerriero, questo fino alla fine del VII secolo dove sono presenti nelle sepolture tradizionali i corredi funebri appartenuti agli arimanni. Le tombe più ricche contengono corazze, elmi, spade, scudi, lance, oltre a un ricco corredo, spesso con metalli preziosi decorati. La maggior parte delle tombe però aveva un corredo più povero costituito da lancia, spada e scudo, altre, da solo una lancia o solo da arco e frecce. Alcune sepolture, invece, non hanno nessun corredo, in questo caso si può pensare alla classe dei servitori.

ARMAMENTO:

Grazie alla presenza di molte sepolture dotate di corredo possiamo avere un'idea abbastanza precisa sull'aspetto marziale dei Longobardi. Il loro costume e i loro armamenti avevano subito l'influenza degli Avari, questo già al momento dell'invasione dell'Italia e anche successivamente l'ascendente sui Longobardi per le questioni militari sarà sempre forte. In particolare la cavalleria avrà un ruolo sempre più importante negli eserciti longobardi come si evince dalla presenza delle staffe nelle tombe longobarde del VII secolo.

Di derivazione asiatica sono le armature (loriche) lamellari, tipiche del VII secolo sono ben rappresentate in molti manufatti longobardi, famoso il frontale dell'elmo di Agilulfo in cui sono raffigurati due guerrieri equipaggiati con questo tipo di corazza fatta con numerose lamelle rettangolari unite tra loro a formare un corsetto che proteggeva il torso, priva di maniche l'armatura era tenuta in posizione da delle bretelle, sempre con lamelle metalliche. Queste armature erano molto diffuse tra i Longobardi tra il VII e l'VIII secolo. Altre armature erano del tipo a scaglie metalliche e quelle più classiche a anelli metallici, entrambe con corte maniche metalliche.

A protezione delle gambe Paolo Diacono ci informa che erano in uso degli schinieri quando, a proposito del singolar tenzone prima della battaglia di Cornate d'Adda, descrive l'equipaggiamento dello sfidante di Alachis. Degli schinieri abbiamo notizie nelle panoplie del nord Europa, realizzate a quel tempo con lunghe lamelle metalliche collegate tra loro.

Anche gli elmi avevano avuto una maggior diffusione nel VII secolo rispetto al secolo precedente. Gli elmi longobardi pur non assomigliando agli spettacolari elmi vendel usati a quel tempo in Europa settentrionale erano comunque di un tipo caratteristico, raro nel resto dell'Europa occidentale essendo d'origine asiatica, mutuato dai vicini cavalieri avari. L'elmo era infatti lamellare, detto anche "Lamellenhelm", costruito con una serie di lunghe lamelle legate tra loro con alla sommità una calotta che teneva insieme le lamelle con paragnatidi e protezione nasale, sulla parte posteriore poteva essere applicata o meno una maglia metallica di anelli o lamelle. Nella parte frontale dell'elmo vi era poi una placca a rinforzo. Il frontale dell'elmo di Agilulfo è caratteristico di questa tipologia anche se in questo caso, vista la ricchezza delle immagini in bronzo dorato della placca, doveva essere probabilmente usato come elmo da parata. Questo tipo di elmo era molto diffuso nell'iconografia longobarda ma non fu l'unico cimiero a essere utilizzato dai longobardi in Italia. La tipologia "Spangenhelm" era la più diffusa negli eserciti dell'epoca, imperiali o germanici ed era in uso anche tra i Longobardi. Lo Spangenhelm era costruito unendo diverse piastre

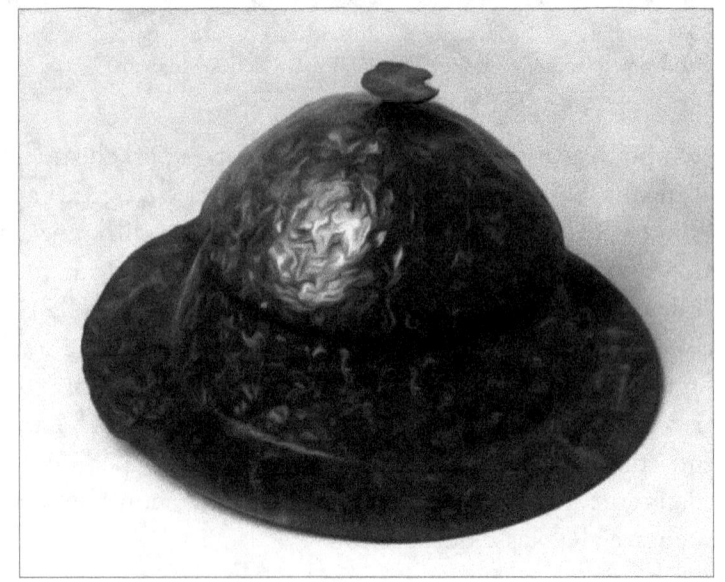

rivettate tra loro, creando un elmo conico di tipo segmentato, economico e facile da produrre, tanto che sarà utilizzato ancora per molto tempo dagli eserciti europei. La difficoltà di reperire metalli, come il ferro e il bronzo, aveva portato alla diffusione di elmi di cuoio rinforzati da barre metalliche e lamelle come paranuca ritrovate nelle sepolture longobarde, mentre il materiale organico, deperibile come il cuoio, è andato perso.

Lo scudo era un elemento essenziale per la difesa del guerriero sia a cavallo che appiedato. Si trattava di scudi circolari di diametro variabile da 60 a 70 cm circa, in legno e coperti di cuoio, spesso dipinto, rinforzato da un bordo metallico. Al centro dello scudo vi era l'umbone metallico, una cupola semisferica a protezione della mano. L'umbone era a volte decorato con figure a forma di croce o di triskell in bronzo dorato, con le parti finali dei bracci del triskell a forma di testa d'uccello, aquila o corvo, animali totemici odinisti. Gli scudi da parata, diffusi nel corso del VII secolo, erano dotati di placche metalliche decorative in bronzo dorato, raffiguranti uccelli, come aquile, simbolo di Odino sotto la cui protezione si affidava il guerriero.

La lancia era l'arma offensiva per eccellenza, usata sia dalla cavalleria che dalla fanteria. La lunghezza della lancia della cavalleria era maggiore di quella impiegata dalla fanteria, entrambi i tipi avevano uno spuntone metallico alla base della lancia, unici a essere ritrovati insieme alle cuspidi metalliche nelle sepolture poiché il legno deperibile dell'asta è andato perso. Alcune cuspidi della fine del VII secolo erano molto lunghe e presentavano due alette alla base che impedivano alla punta di penetrare troppo nel corpo dell'avversario senza

▲ Elmo lamellare conosciuto anche come tipo Niederstotzingen. Molto diffuso tra le popolazioni nomadi e seminomadi dell'Europa orientale, questo tipo di elmo era il preferito dai Longobardi tra il VI e il VII secolo. Veniva realizzato legando tra loro liste di ferro con strisce di cuoio, il tutto bloccato sulla sommità da una cupola metallica. Il frontale dell'elmo poteva essere decorato come nel caso dell'elmo detto di Agilulfo. (Mostra di Torino. Ricostruzione).

◀ Umbone longobardo, ritrovamenti tombe di Zanica (Bergamo, Museo civico archeologico)

così intrappolarne la lancia, permettendo, al contrario, di estrarla agevolmente e poterla riutilizzare.

La spada o spatha secondo il termine latino, era l'arma più importante e nobile, tanto che molte di esse furono riccamente decorate con lo stile dell'agemina, tecnica che prevede di decorare il ferro con sottili solchi al cui interno si inseriscono delle lamine di metallo prezioso, questo sistema era molto in voga tra gli abili orafi longobardi e non solo per le armi. Spade ancora più impreziosite erano quelle a doppio anello intrecciato o inanellate, che prevedeva la presenza di due anelli di metallo prezioso, di solito oro, intrecciati tra loro sul pomo della spada. Gli anelli rappresentavano un simbolo di fedeltà del guerriero verso il suo signore, re o duca, spesso queste spade erano dei doni che si tramandavano da padre in figlio. Spesso le spade inanellate avevano sia l'elsa che il pomello in oro, come negli splendidi esemplari trovati nella necropoli di Nocera Umbra. Questa moda era d'origine scandinava e si diffuse velocemente nel resto dell'Europa germanica già nel VI secolo per essere accolta dai Longobardi nel VII secolo. Le spade longobarde erano di ottima fattura realizzate tramite damaschinatura che, intrecciando i diversi strati di acciaio tramite battitura rendeva l'arma flessibile e resistente. Le lunghezze delle spade si aggiravano intorno ai 90/95 centimetri a doppio taglio che potevano essere usate anche come stocco.

Altre armi importanti erano lo scramasax e il sax. Si trattava di armi corte simili a lunghi coltellacci a un solo taglio usate come sciabole nel combattimento ravvicinato, molto diffuse tra i Sassoni. Lo scramasax aveva una lama di dimensioni ridotte, al massimo 40 centimetri, ideale per il corpo a corpo. Nel VII secolo si diffuse maggiormente il sax che aveva una lama dotata di una lunghezza maggiore, dai 60 agli 80 centimetri, e più robusta, che rispecchiava, negli eserciti, una maggior importanza dell'uso della cavalleria. Raramente questo tipo di armi corte presentavano una decorazione come per le spade.

I foderi di queste armi erano in materiale deperibile come legno e cuoio, per cui si sono conservate solo alcune parti metalliche come i puntali e le decorazioni applicate sul fodero stesso.

Anche le cinture erano a volte decorate, spesso con pendenti che terminavano con guarnizioni metalliche decorative con raffigurazioni legate al mondo germanico tradizionale. Nel VII secolo venne introdotta dall'oriente una cintura multipla per la cavalleria che prevedeva l'uso di due cinture collegate tra loro da bretelle, ogni cintura era collegata o al fodero della spada o quello della scramasax, separando così il sistema di sospensione delle due armi.

Arco e frecce si trovano nei corredi delle tombe più povere, segno della scarsa considerazione di quest'arma da parte dei Longobardi malgrado la vicinanza con i popoli delle steppe come gli Avari che abitualmente usavano gli arcieri, soprattutto a cavallo, come arma principale. Dagli Avari gli arcieri longobardi erediteranno le punte a tre alette, mentre gli archi erano spesso di derivazione romana.

Anche i giavellotti erano abbastanza diffusi come armi da getto. Le asce da guerra (chiamate da Paolo Diacono "securicula") erano abbastanza rare nei corredi funebri, segno di un certo disinteresse per quest'arma di fanteria. Nel VII secolo era in uso il tipo detto "a barbuta", con la parte della lama che si allungava verso il basso allontanandosi dal manico.

TATTICHE:

Nel VII secolo il modo di fare la guerra dei Longobardi era essenzialmente legato all'uso della cavalleria come elemento di rottura dello schieramento nemico, sostituendosi al tradizionale ruolo della fanteria, tipico degli eserciti germanici. A questo cambiamento epocale aveva contribuito l'uso generalizzato della staffa dando al cavaliere una stabilità a cavallo prima sconosciuta. La staffa era infatti in uso alle popolazioni nomadi fin dall'inizio del medioevo, i cavalieri longobardi adotteranno la staffa nel corso del VII secolo, rendendo temibile la loro cavalleria, primi, tra i germani, a utilizzare la cavalleria pesante nel ruolo tattico principale al posto della fanteria. Ancora al tempo della battaglia di Poitiers i Franchi usavano combattere appiedati con le fanterie schierate al centro della formazione da battaglia e solo con l'avvento di Carlo Magno si vedrà l'adozione generalizzata della staffa da parte dei cavalieri franchi.

Anche l'impiego della sella a bordi rialzati di derivazione bizantina aumentava la capacità combattiva del cavaliere, immorsandolo saldamente al cavallo così da poter colpire il nemico con la lancia scagliando contro di esso il peso di cavallo e cavaliere in modo simultaneo. Questo tipo di sella si evolverà successivamente nel mondo militare occidentale fino a diventare il classico arcione dei cavalieri medioevali che rendevano il cavaliere un unico blocco con il cavallo cosa che svilupperà le più tarde tattiche della cavalleria pesante d'occidente.

Sul finire del VII secolo la fanteria longobarda sarà costituita in prevalenza da fanteria leggera,

▲ Elmo detto di Niederstotzingen ritrovato in Germania in una sepoltura alemanna. Si possono notare i resti della maglia metallica a anelli posti a protezione della nuca. (Tomba 12a Landesmuseum Württemberg)

dotata solo di lancia e scudo, e da arcieri con il compito di appoggio alla cavalleria pesante impegnata nel combattimento principale.

Questa fanteria era poi completamente inadeguata a resistere alle cariche della cavalleria pesante longobarda, non essendo addestrata a combattere in ordine serrato, unico modo di respingere una carica di cavalleria nemica.

La cavalleria longobarda doveva aver appreso i modi d'impiego della cavalleria pesante bizantina più che sulle tattiche degli Avari basate, per lo più, sugli arcieri a cavallo. Era infatti il lanciere pesantemente armato che caricava il nemico cercando di romperne lo schieramento a essere impiegato in battaglia. È possibile quindi che lo schieramento della cavalleria longobarda mutuasse quello a cuneo di origine imperiale, uno schieramento non troppo compatto ma sufficiente a travolgere il nemico.

Una volta che le due schiere nemiche venivano a contatto la battaglia si doveva spezzettare in una serie di combattimenti singoli o, più normalmente, a piccoli gruppi, dove le lance erano più spesso d'impaccio e veniva utilizzata la spada o la sax per la mischia ravvicinata.

L'uso di attacchi a sorpresa e imboscate viene attestato nei racconti di Paolo Diacono, come per la sconfitta dei Franchi a Asti operata da re Grimoaldo, in questi casi è però l'astuzia del comandante in capo che interpreta di volta in volta le situazioni sul campo di battaglia per sfruttare ogni occasione per uscire vincitore della contesa.

Il carattere militare dei Longobardi, e dei Germani in genere, necessitava di uno scontro rapido e decisivo per quanto violento, mal sopportando uno sforzo protratto nel tempo.

Il manuale militare dello storico bizantino pseudo-Maurizio degli inizi del VII secolo, lo "Strategicon", ci descrive le caratteristiche psicofisiche dei Germani in generale ma che sono valide anche per i diretti nemici dei Bizantini in Italia: i Longobardi. Di seguito l'intero capitolo dello Strategicon che li riguarda con le indicazioni di come sconfiggerli: "I popoli dai capelli biondi (i Germani) ripongono grande importanza nei valori della libertà. Sono coraggiosi e intrepidi in battaglia. Essendo spavaldi e impetuosi, considerano qualsiasi paura, e perfino una breve ritirata, come una disgrazia. Disprezzano la morte con tranquillità, così come combattono con furore nel corpo a corpo, sia a cavallo che a piedi. Se vengono messi in difficoltà in un'azione di cavalleria, smontano ad un segnale convenuto e si schierano a piedi. Anche se si trovano in pochi a combattere contro molti cavalieri, non si ritirano dal combattimento. Sono armati con scudi, lance e spade corte appese alle spalle. Preferiscono combattere a piedi ed effettuare cariche veloci.

Sia a piedi che a dorso di cavallo, essi si schierano per la battaglia non in un modo o in una formazione prestabilita, o in reparti o divisioni, ma a seconda delle tribù, ognuna riunita con le altre affini, e dei comuni interessi. Spesso, come conseguenza, quando le cose non vanno bene e i loro amici sono stati uccisi, essi rischieranno le loro vite combattendo per vendicarli. In combattimento formano il fronte della loro linea di battaglia in modo compatto e uniforme. Sia a cavallo che a piedi sono impetuosi e indisciplinati nella carica, come se fossero l'unico popolo al mondo a non essere codardo. Non obbediscono ai loro capi. Sono poco interessati a tutto ciò che è complicato e pongono poca attenzione alla sicurezza esterna e all'interesse personale. Disprezzano il buon ordine, specialmente a cavallo. Essendo avidi, sono facilmente corruttibili col denaro. Non tollerano il dolore e la fatica. Sebbene i loro spiriti siano audaci e temerari, i loro corpi sono deboli e viziati, e non sono capaci di sopportare il dolore con fermezza. Inoltre vengono messi in difficoltà dal caldo, dal freddo, dalla pioggia, dalla mancanza di provviste, specie di vino, e dal differimento della battaglia. Nel caso di una battaglia di cavalleria essi sono ostacolati da terreni irregolari o boscosi. Possono essere facilmente attaccati a sorpresa sui fianchi e alle spalle della loro linea di battaglia, poiché non si preoccupano affatto di usare esploratori o altre misure di sicurezza. Le loro linee vengono facilmente spezzate con una finta fuga e un successivo improvviso contrattacco. Gli attacchi notturni condotti da arcieri infliggono spesso dei danni, dal momento che sono molto disorganizzati nel costruire il campo. Quindi nel fare loro guerra bisogna evitare soprattutto di impegnarli in battaglia campale, specialmente nelle prime fasi. Bisogna invece fare uso di imboscate ben organizzate, attacchi furtivi e stratagemmi. Prendi tempo e vanifica le loro opportunità. Fai finta di stringere accordi con loro. Punta a raffreddare la loro audacia e il loro ardore con la mancanza di approvvigionamenti o col disagio del caldo o del freddo. Questo si può ottenere quando il nostro esercito ha posto il campo su terreno difficile e irregolare: su questo tipo di terreno questo nemico non può attaccare con successo perché fa uso di lance. Ma se si presenta l'opportunità di una battaglia regolare, schiera l'esercito come è stato indicato prima nel libro delle formazioni." (Strategicon, libro XI, 3).

Di grande importanza erano le insegne negli eserciti longobardi, utili a rafforzare lo spirito di corpo e a dare indicazioni fondamentali sul campo di battaglia, associati all'uso di trombe che segnalavano gli ordini e le posizioni dei reparti. Punte di lancia traforate ritrovate nelle necropoli li fa ritenere agli storici come punte di stendardi. Di solito si doveva trattare di raffigurazioni in stoffa di santi particolarmente apprezzati dai Longobardi, come San Giorgio e, soprattutto, San Michele Arcangelo. Ancora più diffuse nel VII secolo dovevano però essere le insegne con immagini riferite all'antica tradizione pagana germanica, come le insegne raffiguranti animali mitologici, prima fra tutte la vipera, il cui culto era ben vivo nella Benevento del VII secolo. Questo culto venne estirpato, a forza, verso la fine di quel secolo. La placca in bronzo rivestita in oro di uno scudo da parata ritrovata a Lucca nella chiesa di San Romano rappresenta un porta insegne con un asta sormontata da una croce e, alla sommità, un uccello rapace, forse un'aquila. Altre rappresentazioni di questo tipo sono state ritrovate in vari siti longobardi, indicando un sincretismo tra la croce e l'uccello, aquila o corvo. L'aquila (così come il corvo) è un simbolo di Odino e possiamo immaginarci come queste insegne fossero ben presenti nell'esercito austriaco di Alachis.

▲ Guarnizione di cintura in ferro decorato ad agemina dalla necropoli longobarda di Sovizzo (VI). (Museo Civico Vicenza)

▲ Guerriero longobardo. In assetto da combattimento. Elaborazione grafica di L. Cristini

IL COLPO DI STATO DEGLI AUSTRIACI

Alla morte di Pertarito nel 688 Cuniperto venne incoronato re facendo riesplodere gli attriti che avevano portato alla rivolta il partito nazionalista qualche anno prima. A guidare la rivolta fu ancora una volta Alachis, il più potente dei duchi longobardi, duca di Trento e di Brescia, caso unico nella storia longobarda di un duca con due ducati. Paolo Diacono avvalora la tesi secondo cui Alachis usurpò il trono solo per ambizione personale, in realtà emergevano le resistenze della fazione nazionalista ariana contro la dinastia cattolica bavarese che da anni occupava il regno di Pavia. Il fatto che Alachis riuscì a occupare facilmente la capitale in un momento di assenza del re legittimo fa pensare che nessuno dei duchi cattolici di Neustria abbia preso le difese di Cuniperto in quel frangente.

Lo stesso Paolo Diacono ammette che furono molti i Longobardi che aiutarono Alachis nel suo intento di prendere il potere, tanto che fa anche i nomi di due cittadini bresciani che devono aver avuto un ruolo nella occupazione di Pavia. Così viene descritta l'usurpazione: "Alachis, dando ormai alla luce l'iniquità già da tempo concepita, spalleggiato da Aldone (detto anche Aldo, dal significato di saggio/anziano) e da Grausone (Grauso), cittadini bresciani, ma anche da molti altri Longobardi, dimenticando i tanti benefici che il re Cuniperto gli aveva concesso, scordando anche il giuramento con cui si era impegnato a mostrarsi fedelissimo, mentre Cuniperto era assente occupò il regno e il palazzo di Pavia. Avuto notizia di ciò nel luogo in cui si trovava, il re si rifugiò in un isola del lago Lario, non lontano da Como, e lì allestì forti difese." (Storia dei Longobardi, Libro quinto, 38).

Cuniperto saputo, quindi, dell'occupazione della capitale, non avendo abbastanza sostenitori in quel momento per opporsi, optò di rifugiarsi nell'isola Comacina sul lago di Como, dove vi era una delle più munite fortezze d'Italia già in epoca bizantina, fortezza utilizzata abitualmente anche successivamente

▲ Impugnatura di spada del tipo a anelli intrecciati, con decorazioni in oro e lamine filigranate di un modello molto in voga nell'Europa germanica così come tra le classi più ricche degli arimanni della prima metà del VII secolo.

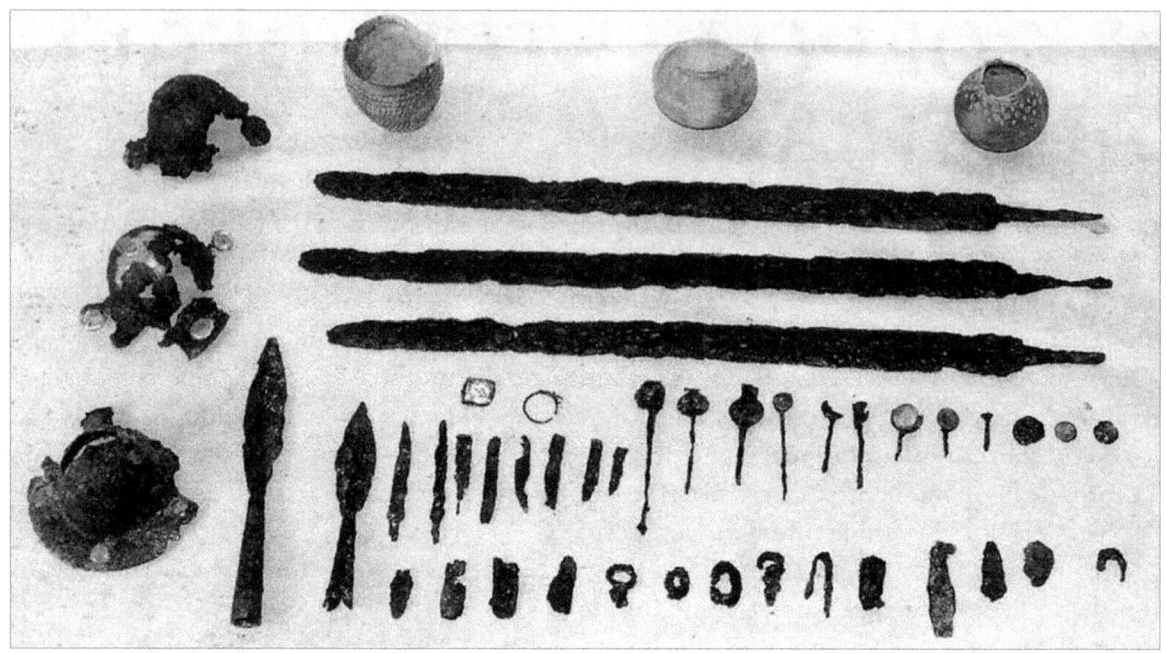
▲ Reperti di arredi tombali longobardi scoperti a Varedo (MB), risalenti al VII secolo.

da molti altri fuggiaschi di rango.
L'amicizia tra Alachis e Cuniperto doveva essersi infranta in quel frangente. Non solo l'amicizia ma anche il giuramento di fedeltà al re con cui Alachis doveva aver omaggiato Cuniperto, probabilmente al tempo delle trattative di pace seguite alla conclusione della prima rivolta di quasi dieci anni prima.
Il racconto di Paolo Diacono indica anche che il duca di Trento avrebbe prestato giuramento di fedeltà a Cuniperto, probabilmente al momento delle trattative del 680 che favoriranno Alachis al ducato di Brescia. Si tratta di uno dei due rari casi di giuramento di un duca a un re descritti dallo storico di Cividale, segno che questi impegni di fedeltà incondizionata da parte dei duchi verso i loro sovrani non dovevano essere così diffusi da parte di questi governatori locali affezionati all'indipendenza dei loro ducati rispetto alla corte di Pavia.
Con Cuniperto isolato sul lago di Como, il breve governo di Alachis fu sostanzialmente incontrastato, segno che gli ariani avevano appoggi anche in Neustria, persone stanche della dinastia bavarese che da troppo tempo deteneva il potere in Italia.
Alachis non sarà però abbastanza abile a coagulare le simpatie dei Longobardi su di sé, non solo dei seguaci della chiesa di Roma ma anche degli stessi ariani. Con una politica arrogante e miope si pregiudicò presto anche l'appoggio del clero ariano. I difficili rapporti tra Alachis e il clero sono ben descritti in questo passo: "Era in quel tempo vescovo della chiesa di Pavia l'uomo di Dio Damiano, insigne per santità, e notevolmente colto nelle arti liberali. Egli, vedendo che Alachis aveva occupato il palazzo reale, per non dover patire lui e la sua chiesa qualche sciagura da parte del re, gli mandò il suo diacono Tommaso, uomo sapiente e religioso, e per mezzo suo inviò ad Alachis la benedizione della sua santa chiesa. Fu comunicato ad Alachis che il diacono Tommaso stava davanti alla porta e recava la benedizione del vescovo.

Allora Alachis, che, come abbiamo detto, aveva in odio tutti i chierici, così parlò ai suoi: "Andate e diteglie che, se ha le brache pulite, entri; se no, tenga fuori i piedi". Tommaso, udite queste parole, così rispose: "Diteglie che ho le brache pulite, poiché oggi me le sono messe appena lavate". E Alachis di nuovo gli mandò a dire: "Non parlo delle brache, ma di quello che vi sta dentro". A queste parole Tommaso rispose: "Andate e ditegli: Dio solo può trovare in me motivo di riprensione a questo proposito; lui in nessun modo lo può." (Storia dei Longobardi, Libro quinto, 38).

L'accenno alla biancheria non era tanto riferita alla pulizia del diacono Tommaso, pulizia per altro diffusa tra i Longobardi, come attestano i tanti personaggi assassinati mentre prendevano un bagno, quanto piuttosto schernire e umiliare il pio uomo di chiesa.

Una volta che il povero malcapitato venne ammesso alla presenza del duca di Trento e, ora, sovrano dei Longobardi, fu aggredito a male parole che Paolo Diacono ha il pudore di non riferirci ma che si possono anche immaginare. Alachis era ben felice di offendere e umiliare un rappresentante della chiesa dei cristiani senza badare al timor di Dio, avendo un'alta considerazione di sé e senza tenere molto in considerazione le benedizioni della fede, ariana e cattolica che fosse, segno di una diversa convinzione religiosa che vedeva nel cristianesimo il sovvertimento dei valori virili degli arimanni che avevano accompagnato per secoli la società guerriera longobarda.

Così prosegue Paolo Diacono sull'incontro tra i due: "E quando Alachis ebbe fatto venire davanti a sé il diacono, gli parlò con asprezza e insolenza. Allora i chierici e i sacerdoti furono presi da paura e da odio per il tiranno, ritenendo che non avrebbero potuto sopportarne la bestialità. E cominciarono tanto più a sospirare il ritorno di Cuniperto, quanto più esecravano il superbo usurpatore del regno; ma la brutalità e la crudele barbarie non dominarono a lungo il regno che avevano occupato." (Storia dei Longobardi, Libro quinto, 38).

Il modo di trattare i religiosi può non essere solo un modo del cronista di parte nel mettere in cattiva luce il ribelle, viene piuttosto da pensare che Alachis fosse ancora legato alla fede ancestrale legata a culti odinistici, questo spiega il suo successivo isolamento alla corte di Pavia. Alachis non riuscì a creare intorno a lui quel consenso che gli era necessario, tanto più che aveva usurpato il regno al legittimo sovrano. Anche presso i duchi ariani della "*Langobardia Minor*", il duca di Trento venne ignorato, anzi i Longobardi del sud Italia rimasero alla finestra a osservare la lotta per il regno, senza intervenire nelle vicende della "*Langobardia Maior*", senza appoggiare uno o l'altro dei due contendenti al regno.

Alachis inoltre non sfruttò il momento di superiorità iniziale rispetto alla fazione avversa, cercando di approfittare dello sbandamento del nemico in fuga, inseguendolo presso il lago di Como dove si era asserragliato. I Longobardi avevano scarsa dimestichezza con l'arte ossidionale necessaria a conquistare il munito castello dell'isola Comacina. Probabilmente fu questo il motivo che impedì un'azione decisiva contro Cuniperto, lasciandogli il tempo di riorganizzarsi.

La Neustria divenne presto un luogo pericoloso per il duca ribelle. Per Paolo Diacono saranno ancora Aldone e Grausone a sovvertire le sorti del regno permettendo al legittimo sovrano di rientrare a Pavia e scacciare l'usurpatore, così ne narra la vicenda: "Finalmente, mentre un giorno contava delle monete sulla mensa, gli cadde giù un tremisse (moneta longobarda) dal tavolo;

il figlio di Aldone, ancora bimbetto, lo raccolse da terra e glielo restituì. Alachis, pensando che il fanciullo capisse poco, parlò così: "Tuo padre ne ha molti di questi; e, se Dio vuole, sta per darmeli molto presto". Quando alla sera il bimbo tornò a casa dal padre e questi gli chiese se quel giorno il re gli avesse detto qualcosa, il bimbo gli raccontò tutto ciò che era avvenuto e quello che il re aveva detto. Udendo questo, Aldone si spaventò molto e, chiamato suo fratello Grausone, gli riferì la maligna frase del re. Subito, insieme agli amici e alle persone di cui potevano fidarsi, tengono consiglio su come privare del regno il tiranno Alachis prima che potesse far loro del male. Recatisi assai per tempo a palazzo, dissero ad Alachis: "Perché ti rassegni a startene chiuso qui in città? Ecco che tutta la città e tutto il popolo ti sono fedeli, e quell'ubriacone di Cuniperto è così disfatto che non potrà mai più riavere le sue forze. Esci, e va' a caccia, esercitati con i tuoi giovani; noi con gli altri tuoi fedeli difenderemo per te questa città. Anzi, promettiamo che assai presto ti porteremo la testa del tuo nemico Cuniperto". Persuaso dalle loro parole, uscì fuori dalla città e partì per la vastissima selva di Urbe, e lì cominciò a darsi ai divertimenti e alla caccia. Aldone e Grausone allora, raggiunto il lago di

▲ Spada inanellata. Questo tipo di spada era spesso donata dal sovrano o da un duca ai guerrieri arimanni che l'accettavano in segno di fedeltà (l'anello) al loro signore della guerra. (Nocera Umbra, tomba 23, VII secolo, dal libro "Die Langobarden. Das Ende der Völkerwanderung")

Como e saliti su una nave, si recarono da Cuniperto. Giunti alla sua presenza, gli si gettarono ai piedi confessando di aver agito iniquamente contro di lui. Gli raccontarono inoltre ciò che Alachis aveva detto malvagiamente contro di loro e quale consiglio gli avevano dato per rovinarlo. Che altro ancora? Piansero insieme e si scambiarono giuramenti, stabilendo il giorno in cui Cuniperto sarebbe venuto ed essi gli avrebbero consegnato la città di Pavia. Così avvenne. Nel giorno fissato Cuniperto giunse a Pavia e, accolto da loro con immensa gioia, entrò nel suo palazzo. Allora tutti i cittadini, e soprattutto il vescovo, i sacerdoti e i chierici, i giovani e i vecchi, a gara corsero da lui abbracciandolo tutti con le lacrime agli occhi e, pieni di immensa gioia, gridavano grazie a Dio per il suo ritorno; ed egli, per quanto poteva, li baciava tutti. All'improvviso un messaggero raggiunse Alachis per dirgli che Aldone e Grausone avevano adempiuto ciò che avevano promesso, gli avevano portato la testa di Cuniperto, e non solo la testa ma tutto il corpo, e lui già risiedeva nel palazzo. Udendo ciò, si abbatté nell'animo e, minacciando furibondo Aldone e Grausone, digrignando i denti, se ne partì; quindi, attraverso Piacenza, tornò nella parte orientale e legò a se le città, una a una, facendosele alleate, parte con lusinghe, parte con la forza." (Storia dei Longobardi, Libro quinto, 39).

Sicuramente fu la fazione cattolica a agevolare il ritorno di Cuniperto, con i duchi di Neustria stanchi delle angherie del suo rivale, preferendo il ritorno del re legittimo che, anche se il Cronista non ne fa cenno, aveva largheggiato in promesse ai duchi, specie quelli fedeli alla chiesa di Roma, da cui avevano tutto da guadagnare nel ritorno al potere della dinastia bavarese.

▲ *A sinistra* Spangenhelm romano germanico con paragnatidi ritrovato negli scavi presso Krefeld Gellep. (Museum Burg Linn, Krefeld)
A destra Spangenhelm in ferro, argento e bronzo con incise decorazioni religiose. (Landesmuseum Mainz)

▲ Comandante longobardo incita i suoi alla battaglia. Elaborazione grafica di L. Cristini

GLI OPPOSTI PIANI

La fuga di Alachis verso est, passando per Piacenza, indica come i confini con il suo ducato di Brescia, lungo l'Adda, fossero ormai presidiati dal nemico che ne avrebbe impedito il passaggio, o peggio, lo poteva far cadere in un'imboscata tesagli dallo stesso Cuniperto.

Rientrato al sicuro nei suoi territori a est del fiume Adda, Alachis poteva prepararsi per la riscossa in tutta tranquillità, vista la sostanziale inazione del legittimo sovrano ritornato in carica a Pavia.

Cuniperto, dopo essere stato aiutato dal clero cattolico ortodosso nel riprendersi il potere a Pavia e a coalizzare i duchi di Neustria sotto la dinastia bavarese, non era però riuscito ad attirare sotto la sua influenza i Longobardi della parte orientale del regno, in maggioranza ariani. Anche nella sua stessa Neustria Cuniperto avrà difficoltà nell'ottenere appoggi, non riuscendo a organizzare un esercito per inseguire e sconfiggere il duca ribelle. In questo modo il suo potere sarà limitato esclusivamente alla regione della Neustria, non riuscendo a far riconoscere la sua autorità regale fuori da questi confini nel resto d'Italia. Malgrado l'appoggio internazionale dei cattolici di Roma e di Costantinopoli, forse anche proprio a causa di questo supporto da parte dei tradizionali nemici dei Longobardi, Cuniperto rimaneva comunque debole. Con un esercito numericamente non sufficiente a tentare un'invasione dell'Austria neppure dopo diversi mesi essere ritornato al potere a Pavia. A Cuniperto non rimaneva altro da fare se non aspettare le mosse del nemico ribelle, mantenendo, fino all'ultimo, un atteggiamento difensivo lasciando al suo ex amico, e ora rivale, Alachis l'iniziativa d'intraprendere una guerra contro un'isolata Neustria.

Nel campo dei ribelli l'alleanza tra le varie parti avverse alla chiesa di Roma che, allora, si trovavano a essere cospicue, dal punto di vista non solo numerico ma anche politico, in Austria, tra esse gli ariani, i pagani, e gli aderenti allo scisma tricapitolino. Anche Alachis nei suoi territori aveva però incontrato delle difficoltà nel reclutare un esercito per riprendere il potere. Non tutti gli arimanni si conformarono a questa guerra di religione. Per alcuni duchi si trattava solo della lotta per il potere tra due contendenti ambiziosi una volta amici che ora si odiavano.

Come scrive Paolo Diacono Alachis deve aver convinto i Longobardi più con la lusinga e le minacce piuttosto che con la correttezza della propria causa. In alcuni casi si arrivò persino allo scontro per costringere i ducati della parte orientale a parteggiare per lui. In questi termini scrive il Cronista: "Difatti, quando giunse a Vicenza, i cittadini uscirono contro di lui e lo affrontarono in battaglia; presto vinti, diventarono suoi alleati. Uscito da Vicenza, occupò Treviso e nello stesso modo anche le altre città. Mentre Cuniperto raccoglieva contro di lui un esercito, i Friulani per la loro fedeltà vollero muovere in suo aiuto; ma Alachis, attestatosi presso il ponte del Livenza, che dista quarantotto miglia da Cividale ed è sulla strada di chi si reca a Pavia, si nascose in un bosco detto Capulano e, poiché l'esercito dei

▲ L'isola Comacina vista dal comune di Ossuccio, prospiciente l'isola. L'isola era una delle più fortificate in Italia durante il periodo dell'alto medioevo, l'acqua del lago di Como e le opere di difesa la rendevano difficilmente espugnabile. Qui si rifugiò Cuniperto, dopo essere stato scacciato da Pavia da Alachis, rimanendovi arroccato al sicuro in attesa degli avvenimenti. Oggi di queste difese è rimasto molto poco.

Friulani procedeva in ordine sparso, man mano che giungevano, li costringeva a giurargli fedeltà, facendo bene attenzione che nessuno di costoro tornasse indietro e avvertisse di ciò quelli che stavano sopraggiungendo; così tutti quelli che si erano mossi da Cividale furono legati a lui con giuramento." (Storia dei Longobardi, Libro quinto, 39).
Anche nel reclutare un esercito a lui favorevole Alachis mostrerà quindi il suo carattere dispotico e arrogante su cui le poche fonti storiche convergono riferendoci un atteggiamento poco portato alla ponderatezza quanto all'avventatezza. Di questo atteggiamento possiamo prestare fede alle parole dello storico di Varnefrido, considerato ciò che accadde successivamente nella battaglia di Cornate d'Adda, quando il duca del Friuli si sfilò dalla contesa abbandonando il campo del ribelle riequilibrando le forze in campo a favore del legittimo sovrano. Qualche anno dopo, lo stesso duca del Friuli Rodoaldo (Rodoald, "potenza della gloria") si rifugerà da re Cuniperto in cerca d'aiuto contro il ribelle e usurpatore del titolo ducale Ansfrit (amico di Dio), rivolta che Cuniperto stroncherà nel sangue, restituendo il ducato al fedele Rodoaldo, accecando e esiliando il ribelle Ansfrit.
Questa spaccatura nel mondo longobardo non impedì però a Alachis di ottenere l'appoggio di molti duchi ariani, in particolare di Vicenza, di Treviso e dei Friulani di Cividale. Vi saranno anche molti guerrieri provenienti dalla Tuscia (l'attuale Toscana), regione ancora a maggioranza ariana, che accorreranno sotto gli stendardi di Alachis.
L'armata di Alachis era certo molto potente e numerosa, riscuotendo un vasto consenso dagli ariani e dai pagani consapevoli come la politica di Cuniperto fosse tesa a distruggere le loro più

intime convinzioni allo scopo di uniformare la fede dei Longobardi a quella dei più numerosi cattolici, Italici e Bizantini, accentrando, nel contempo, il potere nella figura del sovrano longobardo.

A questa guerra civile si sottrarrà la Langobardia Minor che, forte della sua sostanziale autonomia, si manterrà neutrale, attendendo il responso delle armi tra Neustria e Austria, mentre seguiva una sua personale guerra. Nello stesso tempo della guerra civile infatti Romualdo, duca di Benevento, era impegnato contro i Bizantini in Puglia. Approfittando del momento di debolezza dell'impero, Romualdo aveva allestito un forte esercito con cui era riuscito a conquistare Taranto e Brindisi, due tra le più importanti città imperiali in Italia.

Alla fine Alachis si sentì abbastanza forte da tentare l'invasione della Neustria e rimpossessarsi del trono. Quanto tempo impiegò a reclutare e organizzare l'esercito invasore non è molto chiaro e, da questo, ne discende l'incertezza sull'anno della battaglia decisiva tra i due contendenti. Per la maggioranza degli storici se l'usurpazione del trono e la successiva cacciata di Alachis da Pavia viene ascritta al 688, la preparazione all'invasione, con guerre e scaramucce varie, deve aver richiesto diversi mesi, tanto da essere pronti per l'invasione solo nel 689[1], probabile anno della battaglia quando l'armata ribelle riuscirà ad attraversare l'Adda senza essere contrastata, probabilmente usando un guado lungo il fiume poco più a est del centro abitato di Cornate, cercando lo scontro con

▲ Pugnale con i resti del fodero in bronzo dorato. (Metropolitan Museum of Art)

l'esercito nemico. Purtroppo non conosciamo neppure la data della battaglia, anche se si può congetturare una giornata posta tra la primavera e l'estate, periodi dell'anno consueti per le campagne militari grazie alla facilità nel reperire il foraggio per i cavalli nei mesi più temperati dell'anno. Così scrive il Diacono: "Giunti l'uno di fronte all'altro, Alachis con tutta la parte orientale (l'Austria), e Cuniperto con i suoi, posero gli accampamenti in una pianura chiamata Coronate." (Storia dei Longobardi, Libro quinto, 39).

---

1   L'anno esatto della battaglia è sconosciuto e varia a seconda delle interpretazioni dei vari autori.

▲ Le due armate vanno allo scontro. Elaborazione grafica di L. Cristini

LA BATTAGLIA DI CORONATE

La battaglia di Cornate d'Adda, detta anche di Coronate d'Adda com'era chiamato il vicino borgo in epoca medioevale, è l'evento bellico meglio descritto da Paolo Diacono, che non lesina particolari e aneddoti sull'accaduto. Questo è indicativo dell'importanza dello scontro per la società longobarda, oltre che per la vicinanza degli eventi con la stesura della Storia da parte dello storiografo di Cividale. Il fatto d'armi deve essere stato comunque epocale, non tanto per il numero dei contendenti, si doveva trattare di qualche migliaio di guerrieri da ambo le parti con una preponderanza di cavalleria, quanto per le conseguenze successive alla inaspettata vittoria del legittimo sovrano.

Cuniperto doveva essere a conoscenza dell'imminente pericolo, avvisato dai numerosi sostenitori cattolici che si trovavano in Austria, tanto che il suo esercito si trovava lungo il fiume Adda nel tentativo d'intercettare il nemico nel momento di maggior debolezza, quando doveva impegnarsi nell'attraversamento dell'importante corso d'acqua. In realtà Cuniperto non riuscirà a bloccare il nemico lungo i pochi punti dove il fiume poteva essere attraversato, il più importante dei quali era il ponte fortificato di Trezzo. Alachis non tenterà di forzare questa via, lungo la strada principale, attraverserà invece il guado di Cornate dove installerà il suo campo una volta raccolto l'esercito in Neustria. L'esercito di Cuniperto giungerà troppo tardi per contrastare il passaggio del fiume dovendo accontentarsi di erigere un campo in attesa della battaglia.

L'armata del legittimo re doveva essere piuttosto svantaggiata dal punto di vista numerico così da dover aspettare l'iniziativa nemica o escogitare qualche astuzia nel tentativo di indebolire la compagine avversaria.

Fu infatti Cuniperto a intavolare delle trattative ritardando l'inizio dello scontro. Durante l'alto medioevo poteva capitare, abbastanza di frequente, che i due condottieri o, più spesso, due campioni si affrontassero in singolar tenzone. Così il re longobardo sfidò a regolare duello Alachis prima della battaglia in modo da regolare i conti direttamente

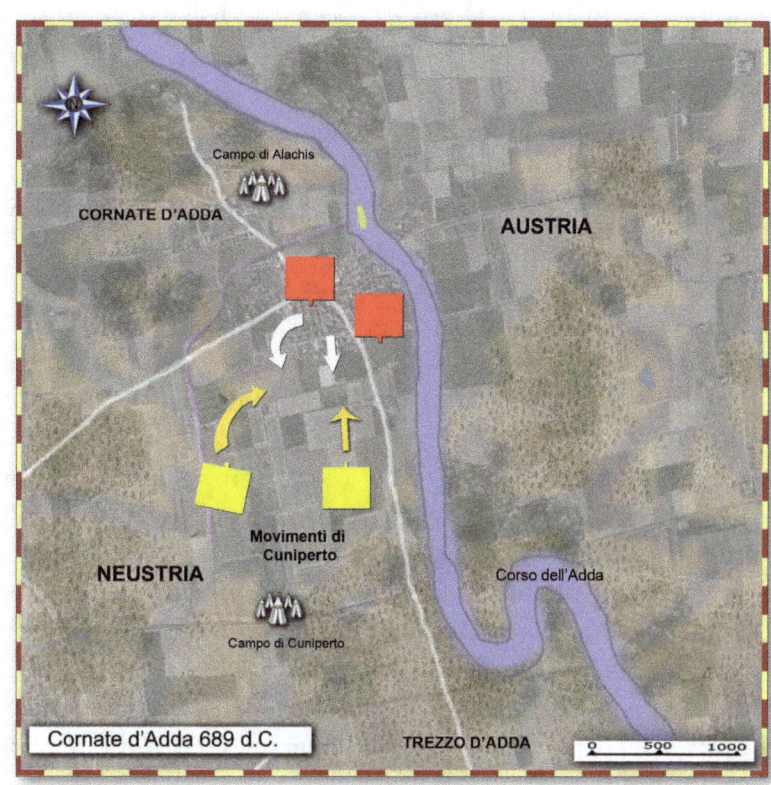

▲ Mappa sintetica della battaglia di Cornate d'Adda.

▲ Il castello medioevale di Trezzo d'Adda a guardia del passaggio sul fiume. Alla base del castello è stata scoperta la necropoli longobarda.

tra loro due. Così ci descrive la scena il Diacono: "Cuniperto inviò un messaggero a dirgli che lo sfidava a singolar tenzone, e non c'era bisogno di mettere a repentaglio gli eserciti di entrambi. A questa proposta Alachis non acconsentì. E poiché uno dei suoi, toscano di stirpe, qualificandolo uomo forte e bellicoso, lo spronava a uscire coraggiosamente contro Cuniperto, Alachis gli rispose: "Cuniperto, anche se ubriacone e di animo stupido, è molto audace e di forza eccezionale. Al tempo di suo padre, quando eravamo giovinetti, si tenevano nel palazzo dei montoni di straordinaria grandezza: lui li afferrava per la lana del dorso e, tendendo il braccio, li sollevava da terra, cosa che io non riuscivo a fare". Udendo ciò, il toscano gli disse: "Se non hai il coraggio di affrontare Cuniperto a singolar tenzone. non mi avrai più alleato in tuo aiuto, e, detto ciò, si precipitò fuori (dallo schieramento o dalla tenda di Alachis?) e si rifugiò presso Cuniperto, raccontandogli quanto era avvenuto." (Storia dei Longobardi, Libro quinto, 40).

In realtà possiamo immaginare come non sia stata la paura di Cuniperto a far rifuggire Alachis dal singolar tenzone, quanto piuttosto un calcolo politico tanto è vero che nella mischia successiva il duca ribelle cercherà lo scontro fisico proprio con il re stesso. Alachis semplicemente non voleva mettere tutto a repentaglio in un duello incerto quando aveva un'incontestabile superiorità numerica da sfruttare a proprio vantaggio.

È anche possibile che il guerriero della Tuscia sia passato, con una rapida cavalcata, nel campo avversario indispettito dalla risposta di Alachis, segno di un periodo abbastanza lungo di stasi prima della battaglia in cui i due schieramenti dovevano mantenere la loro posizione in attesa degli avvenimenti.

Dopo questi fatti il duca ribelle deve aver deciso di iniziare la battaglia e con essa la prima fase dello scontro.

Il figlio di Warnefried non ci spiega il susseguirsi degli avvenimenti dal punto di vista tattico preferendo soffermarsi sulle vicende personali dei protagonisti. Da come viene raccontato lo svolgimento della battaglia si può evincere che Alachis abbia caricato con la sua cavalleria pesante il centro dello schieramento avversario senza però lanciare tutto il suo esercito nella battaglia, lasciando buona parte delle sue forze in riserva, tra essi sicuramente i reparti friulani. Le forze di Alachis dovevano essere così preponderanti da permettergli un primo assalto solo con parte del suo esercito senza per questo vedersi diminuita la sua superiorità numerica con i Neustriani limitati nella difesa.

Dopo il primo cozzo la battaglia si suddivise in una serie di duelli personali e tra piccoli gruppi con Alachis e la sua guardia del corpo diretti in modo deciso al centro della schiera avversaria nell'intento di uccidere il re nemico. Effettivamente Alachis riuscirà presto nel suo intento di incrociare le armi direttamente con Cuniperto e, alla fine, ucciderlo con le proprie mani.

Questo almeno ciò che Alachis credeva in un primo momento ma una volta impadronitosi dei resti mortali del suo nemico si accorse di aver ucciso solo un chierico che aveva indossato le armi personali del suo signore. Possiamo solo immaginarci la rabbia e lo stupore del duca di Trento a questa scoperta, tanto che Alachis ordinerà di interrompere il combattimento per riorganizzare i ranghi. Paolo Diacono racconta l'episodio quasi divertito per l'amara sorpresa del vituperato Alachis: "L'una e l'altra schiera, come abbiamo detto, si trovarono di fronte nella pianura di Coronate. E avvicinandosi il momento dello scontro, Senone, diacono della chiesa di Pavia, che era custode della basilica del beato Giovanni Battista - posta dentro le mura della città e un tempo costruita dalla regina Gundiperga (figlia di Teodolinda e Agilulfo), - poiché amava molto il suo re e temeva che potesse essere ucciso in guerra, gli disse: "O signore e re, La nostra vita sta tutta nella tua, salvezza. Se tu morrai in guerra, questo tiranno Alachis ci ucciderà tutti con diversi supplizi. Accetta dunque la mia proposta. Dammi le tue armi, e andrò io ad affrontare questo tiranno. Se

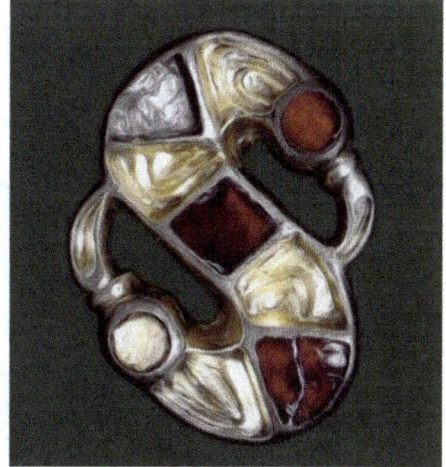

▲ Fibula a S a forma di aquila, tipico ornamento longobardo trovato nelle sepolture femminili. (Nocera Umbra).

▼ Spade damaschinate della tomba dei tre guerrieri di San Jorio a Varedo (MB), probabilmente appartenute alla famiglia degli Hermenulfi di Varedo. Metà del VII secolo circa. (Museo archeologico di Milano)

▲ Armati longobardi in schieramento per la battaglia. Tavola di Luca Cristini

morirò, tu potai riacquistare il tuo grado. Se vincerò, ti sarà ascritta una gloria maggiore, poiché avrai vinto per mezzo di un tuo servo". Poiché il re diceva che non lo avrebbe mai fatto, i pochi suoi fedeli che gli stavano vicino cominciarono a pregarlo con le lacrime agli occhi, che desse il suo consenso alla proposta del diacono. Alla fine, di animo pio com'era, vinto dalle loro preghiere e lacrime, diede la sua corazza, l'elmo, gli schinieri e le altre armi al diacono, e lo mandò in battaglia assegnandogli la sua parte. Il diacono era della sua stessa statura e portamento, sicché, quando uscì armato dalla tenda, fu creduto da tutti re Cuniperto. Così

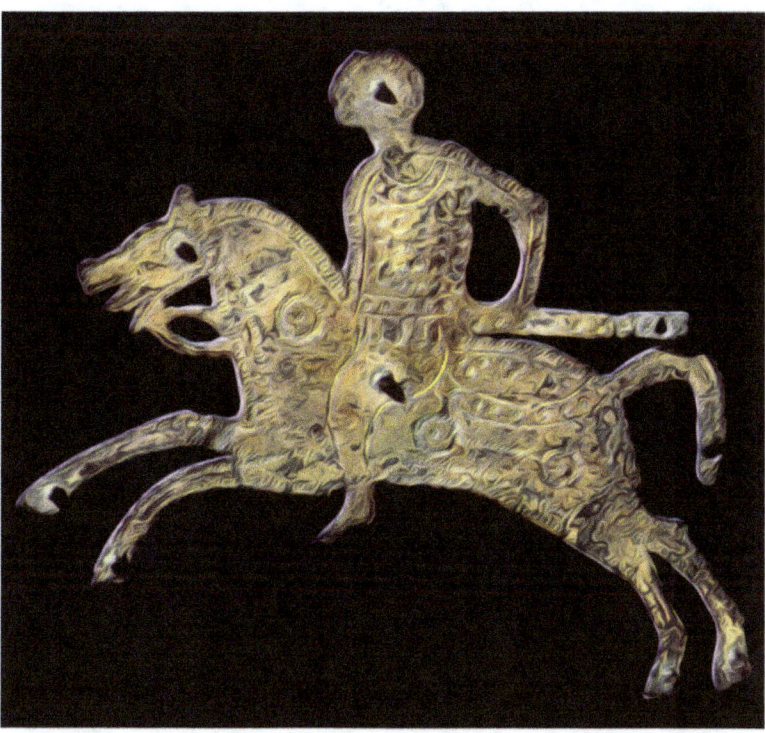

▲ Placchetta in bronzo dorato di uno scudo da parata, della metà del VII secolo, che rappresenta l'immagine di un cavaliere longobardo, simbolo dei Longobardi per eccellenza che ne rappresenta la tradizione equestre e guerriera (Stabio, Canton Ticino)

si venne a battaglia e si combatté con tutte le forze. E poiché Alachis puntava soprattutto dove credeva fosse il re, convinto di uccidere Cuniperto, uccise il diacono Senone. E avendo ordinato di tagliargli la testa perché, sollevatala su una lancia. potessero gridare: "grazie a Dio!, toltogli l'elmo si accorse di aver ucciso un chierico. Allora, furibondo, esclamò: "Ohimè, non abbiamo risolto niente: abbiamo combattuto questa battaglia per uccidere un chierico! Ecco il voto che ora faccio: se Dio mi darà di nuovo la vittoria, riempirò un pozzo con testicoli di chierici." (Storia dei Longobardi, Libro quinto, 40).
Sembra quindi che Alachis, nella furia della scontro, abbia scambiato un diacono per il re. Questo può essere possibile poiché l'elmo doveva celare le sembianze del guerriero, come doveva esserci una certa somiglianza di Senone con Cuniperto visto che quest'ultimo non portava la barba, come si evince da un suo ritratto stampato su una moneta d'oro (il tremisse) in circolazione durante il suo regno, secondo una moda da sempre in uso ai chierici come Senone. Una volta rimosso l'elmo, e riconosciuto l'impostore, si scatenerà la rabbia di Alachis che lo porterà a minacciare di mutilare tutti gli ecclesiastici, intenzione che rappresenta l'emergere della sua mentalità anticristiana, piuttosto che una dimostrazione di ferocia tipica di quegli uomini dediti alla guerra. È interessante notare che pure egli si rivolge a Dio per chiedere la vittoria contro il suo nemico lungi dall'essere sconfitto. Chiedere il successo a Dio e contemporaneamente riprometters di vendicarsi sui suoi ministri può solo dimostrare che questo Dio per Alachis è ancora il vecchio Wotan/Odino, l'ancestrale nume che sovrintende le battaglie e

che, da tempo immemore, concedeva la vittoria agli eserciti longobardi. Secondo la religiosità germanica il divino consiste infatti in tutto ciò che dà la forza e la vittoria.

In ogni caso il sacrificio di Senone non dovette essere vano poiché diede il tempo agli uomini di Cuniperto di ritirarsi e riorganizzarsi mentre l'attenzione dei guerrieri austriaci era catalizzata sulla singolar tenzone tra Alachis e quello che si credeva il re neustriano, segno questo di un combattimento che si svolgeva spesso come una serie di scontri individuali o in piccoli gruppi di cavalieri con la possibilità di sottrarsi velocemente ai colpi dei

▲ Mappa satellitare dell'area del campo di battaglia di Cornate d'Adda, con evidenziato il luogo oggetto degli scavi prospicienti a Villa Paradiso dove si sono trovate le tombe dei guerrieri longobardi caduti in battaglia. A nord la località Porto d'Adda è un punto dove l'alveo dell'Adda si restringe e, in passato, la zona era usata come guado tra le due sponde del fiume, in quella direzione fuggirono i resti dell'armata di Alachis nel tentativo di riattraversare l'Adda e mettersi in salvo.

nemici con i propri destrieri. Cuniperto deve quindi essere riuscito a radunare velocemente i suoi uomini per riportarli in linea sul campo di battaglia grazie alla mobilità delle sue truppe a cavallo che potevano spostarsi velocemente da un punto all'altro del campo di battaglia.

Con questo si concluse la prima fase vittoriosa per Alachis con le armate di Cuniperto che dovevano aver avuto la peggio ed essersi ritirate lasciando il campo libero al nemico permettendo a Alachis di spogliare il diacono Senone in tutta tranquillità per poi riorganizzare le sue forze, cosa che anche Cuniperto riuscì a fare, segno che il suo esercito non era uscito troppo provato dal primo scontro, anzi, il morale doveva esserne uscito rafforzato dopo la cantonata presa dal duca ribelle. Dopo una pausa, che verosimilmente dovette essere breve, le due schiere avverse riformarono i ranghi pronti per un nuovo assalto.

A questo punto Cuniperto tornò a rinnovare la sfida all'ex amico nel nobile intento di risparmiare nuovi lutti ai suoi connazionali impegnati in questa guerra civile, anche se il vero motivo era sempre l'inferiorità numerica del suo esercito che già aveva ceduto il campo nella prima parte della battaglia.

Di nuovo Alachis declinò l'offerta, questa volta però accampa anche un pretesto sovrannaturale per cercare di giustificarsi davanti ai suoi soldati schierati in battaglia. Così viene descritto l'avvenimento dal Nostro Cronista: "Frattanto Cuniperto, visto che i suoi avevano avuto la peggio, subito si mostrò a essi e, levata la paura, riconfortò i cuori di tutti a sperare nella vittoria. Una seconda volta vengono schierati gli eserciti e da una parte Cuniperto, dall'altra Alachis, si dispongono alla contesa delle armi. Quando ormai era vicino il momento in cui le due schiere avrebbero preso contatto, Cuniperto di nuovo mandò a dire ad Alachis: "Ecco quanto popolo è schierato da una parte e dall'altra! Che bisogno c'è che tanta gente muoia? Scontriamoci noi, tu e io, a singolar tenzone, e a chi di noi due Dio vorrà concedere la vittoria, quegli abbia tutto questo popolo, salvo e incolume". E poiché i suoi lo esortavano ad accettare ciò che Cuniperto gli proponeva, Alachis rispose: "Non posso farlo, poiché fra le sue lance vedo l'immagine di San Michele Arcangelo, su cui io gli ho prestato giuramento". Allora uno dei suoi: "Per paura" gli disse," vedi quello che non c'è, e ormai è troppo tardi per pensare a queste cose". (Storia dei Longobardi, Libro quinto, 41).

▲ Punte di lancia di epoca longobarda. (Museo archeologico di Milano)

▼ Punte di lancia e scure del tipo "barbuto" in uso tra i Longobardi. (Savignano sul Panaro, Doccia, villa Crespellani, VII secolo)

Alachis fa riferimento al giuramento di fedeltà che aveva fatto anni prima a Cuniperto quando, ancora amici, avevano raggiunto un accordo di pace per mettere fine alla guerra del duca di Trento con Pertarito, cosa che gli aveva fruttato il ducato di Brescia. Il giuramento era stato fatto invocando San Michele Arcangelo, il santo protettore prediletto dei Longobardi la cui immagine capeggiava sulle loro insegne e nelle monete. Veniva raffigurato con una lancia mentre, dai pagani, veniva assimilato a Odino.

Fallita anche questa trattativa Alachis diede inizio allo scontro generalizzato che, nelle sue intenzioni, doveva essere decisivo nello stabilire il vincitore della battaglia, con questo desiderio il comandante dei ribelli cercherà d'impegnare tutti i suoi uomini. A dispetto delle sue intenzioni non tutti gli Austriaci si lanciarono alla carica. I Friulani, da sempre scettici in questa impresa, voltarono le spalle al duca ribelle ritornando da dove erano giunti senza aspettare l'esito dello scontro. Successivamente i Friulani saranno sempre fedeli a Cuniperto.

È anche possibile che più d'un contingente ribelle si sottrasse all'assalto finale oltre ai Friulani. La minaccia verso gli ecclesiastici deve aver fatto storcere il naso a più d'un alleato di Alachis, così come il suo rifiuto di battersi a singolar tenzone deve avergli alienato le

simpatie di molti sostenitori che poteva giudicare il suo comportamento non degno di un futuro sovrano.

La defezione di una componente importante dell'esercito di Alachis deve aver portato a vuoti incolmabili nel suo schieramento di battaglia, rendendolo vulnerabile alla controffensiva di Cuniperto che ora aveva anche ridotto il divario numerico tra le due armate. Non solo, la ritirata dei Friulani deve aver infuso nuovo coraggio alle truppe neustriane che, di fatti, presero vigore combattendo i guerrieri nemici con rinnovato furore fino alla morte del duca nemico. L'ultima fase dello scontro viene così descritta da Paolo Diacono: "Così le due schiere incrociarono le armi, fra lo strepito delle trombe; e senza che nessuna parte cedesse, ci fu una grandissima strage di popoli. Finalmente il crudele tiranno Alachis cadde morto, e Cuniperto con l'aiuto di Dio ottenne la vittoria. Anche l'esercito di Alachis, accortosi della sua morte, cercò la salvezza nella fuga. E chi non abbatté la punta della lancia, lo sommerse il fiume Adda. La testa di Alachis fu mozzata, le sue ginocchia spezzate e il suo cadavere rimase mutilato e informe. A questa guerra non partecipò l'esercito dei Friulani, poiché, avendo prestato giuramento contro la propria volontà ad Alachis, non volle portare aiuto né ad Alachis né a Cuniperto; e quando attaccarono battaglia, se ne tornò a casa propria. Morto in questo modo Alachis, re Cuniperto diede ordine di seppellire con grandi onori il corpo del diacono Senone davanti alle porte della basilica del beato Giovanni (a Pavia), che egli aveva retto. Poi, di nuovo sovrano fra l'esultanza di tutti e col trionfo della vittoria, ritornò a Pavia." (Storia dei Longobardi, Libro quinto, 41). Con la morte di Alachis la vittoria di Cuniperto fu veramente completa, con gli Austriaci che si trovavano in territorio nemico, separati dalla salvezza dal fiume Adda. Il tentativo di attraversarlo, per sottrarsi alla cavalleria neustriana, deve aver cagionato molte vittime che, appesantite dalle armi e pressate dal nemico, finirono miseramente annegate prima di raggiungere la salvezza lungo la sponda Bergamasca.

La battaglia deve essere stata particolarmente sanguinosa per l'epoca. Stando al racconto di Paolo Diacono sembra anche che le fanterie abbiano giocato un ruolo irrilevante in una battaglia combattuta solo da cavalieri, cioè esclusivamente la classe guerriera e nobile della nazione longobarda che deve aver subito il peso maggiore dei lutti di quella giornata vittoriosa per Cuniperto e la fazione cattolica.

▲ Anello in oro raffigurante un soldato longobardo armato di armatura lamellare e di un semplice elmo conico. (Cividale, Museo)

▲ La fine di Alachis sul campo di battaglia. Tavola di Luca Cristini

CONSEGUENZE

Il primo atto di Cuniperto, dopo il trionfo a Cornate, fu l'omaggio di Senone a Pavia tramite un fastoso funerale che sanciva la ritrovata unità del regno longobardo sotto un unico sovrano. L'inaspettata vittoria venne attribuita all'aiuto ultraterreno dell'Arcangelo Michele, invocato dal sovrano durante la battaglia così come fu aborrito dal suo rivale, come era abitudine da secoli presso i Longobardi, così come era accaduto al tempo della vittoria di Ibore e Aione contro i Vandali, da cui si ebbe a mutare del nome dei Winili in Longobardi. Mettendo la vittoria sotto quest'aura sacra di giudizio divino, Cuniperto si legittimava ancor di più agli occhi dei suoi sudditi come un campione che aveva vinto un ordalia.

Con Cuniperto si avrà un'affermazione del culto di San Michele Arcangelo con il mito dell'apparizione del santo durante la battaglia di Cornate d'Adda, località dove però venne costruito un monastero dedicato a San Giorgio in ricordo di quella giornata fatale.

La successiva stretta contro gli ariani fu durissima, tanto da mettere questa eresia fuori legge con il successivo sinodo, convocato nella città di Pavia nel 698. Questo sinodo che raccoglieva i rappresentanti delle varie fedi fino allora in contrasto metteva fine a ogni divisione tra cristiani, non solo l'eresia ariana venne colpita ma anche lo scisma tricapitolino venne assorbito definitivamente nel cattolicesimo. Anche i Longobardi dell'Italia meridionale, da sempre indipendenti dal potere di Pavia, accettarono le decisioni di Cuniperto mettendo definitivamente al bando l'arianesimo. Gli edifici di culto ariani passarono ai cattolici con tutto il clero associato, mentre gli ariani erano automaticamente assimilati a ribelli nemici dell'autorità regia, sottoposti così a una damnatio memoriae simile a quella dei partiti totalitari dopo la seconda guerra mondiale.

Agli ariani che non si adeguarono alla situazione non rimase che ritirarsi nelle valli Alpine più isolate dove comunque, con lo scorrere del tempo, finiranno per aderire al cattolicesimo per evitare il totale isolamento, politico e sociale.

La sparizione del clero ariano lascerà alla concorrente chiesa cattolica campo libero nell'acquisire tutti gli edifici sacri e le ricchezze della chiesa ariana ormai messa al bando.

▲ Moneta raffigurante re Liutprando. Il suo regno fu simbolo di legalità e di apertura verso le culture conquistate seguendo un forte richiamo cattolico.

Il dominio della chiesa cattolica porterà il clero longobardo a una maggior integrazione con le istituzioni papaline di Roma influenzando la politica del regno stesso.

Anche il tradizionale paganesimo venne tollerato meno in tutto il regno. Di questo ne è testimone la fine dell'usanza di deporre corredi funerari nelle necropoli longobarde. Dall'inizio del secolo VIII le sepolture saranno prive delle armi dei guerrieri, tanto che gli storici avranno meno informazioni circa l'equipaggiamento militare dell'ultima fase della storia dei Longobardi, per cui si è molto meno informati rispetto al secolo precedente, con la battaglia di Cornate d'Adda a fare da spartiacque tra questi due periodi. Tuttavia la mentalità ancestrale germanica e indoeuropea verrà in parte assimilata nelle pieghe del cattolicesimo occidentale per tutto il medioevo in un singolare sincretismo che si rafforzerà con l'aumentare dell'influenza di altri popoli germanici, prima i Franchi e poi i Sassoni, popoli che realizzeranno dinastie imperiali in simbiosi con la chiesa di Roma. Il Sacro Romano Impero sarà sempre in bilico tra convivenza e lotta con il potere della chiesa, un esempio ne è la continua lotta per le investiture tra l'undicesimo e il tredicesimo secolo. Solo a partire dall'epoca moderna la chiesa cattolica si riapproprierà della sua spiritualità più mediterranea e semitica, più aderente alla concezione originaria di questa religione.

▲ Sepolture dei caduti longobardi ritrovati negli scavi archeologici scoperti presso la località di Villa Paradiso frazione di Cornate d'Adda.

Per il regno longobardo questa assimilazione a un unico credo portò a una omogeneità all'interno della stessa società longobarda che ne rafforzò l'unità interna, così come accade a tutte le società omogenee e compatte al loro interno. Questo non significa che non vi furono più rivolte nel regno longobardo, furono, come sempre tra un popolo votato alla guerra, molto numerose e violente, sempre però per questioni di potere escludendo le ideologie che potevano portare a fratture insanabili.

Fu anzi in questo periodo che i Longobardi raggiunsero il loro momento di maggior potere

▲ La campagna nei pressi di Cornate d'Adda dove sono stati effettuati gli scavi archeologici che hanno portato al recupero di diverse tombe di guerrieri longobardi caduti nella battaglia tra Cuniperto e Alachis.

e prestigio, anche internazionale, con il re Liutprando (dal significato di "spada della gente" da "leut" e "prand"), definitosi come "rex christianus et catholicus". Sovrano quest'ultimo che governerà più a lungo di tutti gli altri e riuscirà ad accentrare maggiormente il potere su di sé, con un effettivo controllo anche nei semi-indipendenti ducati del sud, mentre in politica estera troverà sempre un accordo con il papato e addirittura una forte alleanza con i Franchi di Carlo Martello, tanto che fornirà un contingente di guerrieri longobardi che combatteranno contro gli invasori musulmani nel 732 a Poitiers.

In questo nuovo clima si rafforzò anche l'integrazione con gli autoctoni italici. Una volta che il credo religioso si era uniformato per tutti gli abitanti dell'Italia, a dividere i due gruppi vi erano ora fattori linguistici, culturali e di casta.

Già nel VII secolo la lingua colta, anche tra i Longobardi, era il latino, come dimostrano le leggi di Rotari, così come anche il volgare italico doveva essere conosciuto come dimostra il nome proprio del duca di Cividale, Lupo, certo nell'ottavo secolo la maggior parte dei Longobardi doveva essere bilingue.

L'integrazione religiosa permetteva sia ai Longobardi che agli Italici di frequentare alla pari le stesse istituzioni ecclesiastiche, senza differenze di classe e casta. Questo rendeva i Longobardi e la loro dirigenza maggiormente dipendenti dalla politica papale, così come capitò a Liutprando e altri sovrani successivi che non oseranno mai attaccare fino in fondo Roma e i possedimenti papali, cercando sempre una mediazione con i vari pontefici che sempre più si stavano rendendo indipendenti da Costantinopoli.

Anche l'esercito fu un elemento d'integrazione da quando Liutprando permise anche agli Italici di entrare a farne parte, non solo per aumentare la consistenza degli eserciti ma anche a causa di una certa disaffezione di alcuni arimanni per il mestiere delle armi. L'aumento degli effettivi associato anche a un equipaggiamento povero deve aver riportato in auge l'uso generalizzato della fanteria, mentre gli arimanni equipaggiavano ancora i reparti di cavalleria. Per la prima volta dalla caduta dell'impero romano veniva così data anche agli Italici la possibilità di portare le armi.

Successivamente Astolfo, re longobardo dal 749 al 756, penserà di istituire delle leggi per obbligare i ceti più ricchi a fornire le armi e gli equipaggiamenti per armare l'esercito, dividendo tutti i suoi sudditi per censo e non più per etnia. Nella sua riforma la cavalleria pesante era servita dai più ricchi detti "*maiores et potentes*", mentre la cavalleria armata alla leggera erano detta dei "*sequentes*" formata dai Longobardi meno abbienti. Mentre i più poveri, probabilmente gli italici, formavano la fanteria, armati di arco e frecce, detti "*minores*". Un sistema che andava a prefigurare il successivo mondo feudale e la suddivisione sociale successiva all'arrivo di Carlo Magno in Italia, dove la grande nobiltà sarà appannaggio dei Franchi, mentre la piccola e media feudalità continuerà a essere essenzialmente longobarda. Questo ad eccezione della "*Langobardia Minor*" dove la nobiltà maggiore continuerà a

▲ L'edicola votiva detta "Mort de San Cerech" risalente alla prima metà del '900 e al cui interno sono conservati i resti ossei risalenti alla fine del VII secolo. Con ogni probabilità si tratta di alcuni guerrieri longobardi dell'esercito di Alachis in fuga verso il guado sull'Adda dopo aver perso la battaglia.

essere longobarda, dominando i ducati e poi principati dell'Italia meridionale fino all'arrivo dei Normanni nell'XI secolo.

Se gli eserciti longobardi sotto i regni di Liutprando e Astolfo raggiungeranno il più alto grado di organizzazione e la maggior potenza numerica, che li porterà a conquistare l'Italia bizantina, già con Astolfo mostreranno però anche la loro intrinseca debolezza, venendo più volte sconfitti dalle armate franche. Quando nel 774 Carlo Magno calerà in Italia l'esercito longobardo non riuscirà a opporre una valida resistenza venendo velocemente spazzato via.

La conquista della "*Langobardia Maior*" da parte dei Franchi sarà molto facile, soprattutto la Neustria opporrà solo una debole resistenza. I motivi di questa rapida fine possono essere anche cercati nella conversione al cattolicesimo che vedrà i re longobardi troppo spesso succubi della politica papale, mentre gli eserciti longobardi, una volta invincibili, sempre più integrati da elementi esterni, non germanici, perderanno il loro spirito di corpo e il loro selvaggio vigore combattivo, qualità morali che agli eserciti longobardi tradizionali, dell'epoca di Alachis e Cuniperto, non facevano certo difetto.

▲ L'assalto finale delle truppe di Cuniperto. Tavola di Luca Cristini

IL CAMPO DI BATTAGLIA OGGI

L'antica Coronate d'Adda si trova in un'area ricca di reperti longobardi, dalla necropoli di Trezzo d'Adda fino a Fara Gera d'Adda, località d'insediamento della fara di re Autari e luogo di culto ariano.

Anche le campagne di Cornate d'Adda sono state oggetto della ricerca archeologica che, a partire dagli anni '90 del novecento hanno cominciato a restituire reperti inerenti all'evento storico della battaglia tra Alachis e Cuniperto.

L'esistanza dell'abitato di Cornate d'Adda è legato a un guado sul fiume posizionato in una piccola frazione chiamata Porto d'Adda, località di passaggio che si collegava con la strada per Venezia. Il nome di stesso Cornate sta a significare i corni intesi come scogli che emergono ancora lungo il corso dell'Adda in quella zona e che fornivano un punto di guado del fiume stesso, nelle cui vicinanze nacque il piccolo centro abitato. Proprio da questo punto di passaggio l'esercito di Alachis attraverserà il fiume eludendo i ponti fortificati presidiati dagli uomini di Cuniperto, in particolare Trezzo d'Adda, passaggio obbligato e, già allora ben fortificato, che si trova a sei chilometri a sud dal guado utilizzato dal duca ribelle, prendendo di sorpresa l'esercito nemico. Di questo guado oggi non resta nulla, sommerso dal normale defluire delle

▲ Cisterna dell'acqua potabile di epoca tardo romana (probabilmente tra il V e il VI secolo) che si trova in località Rocchetta (frazione di Paderno d'Adda), oggi santuario, ma fino all'alto medioevo fortezza posta a controllo a occidente del guado sull'Adda, poco a nord di Cornate d'Adda.

acque del fiume e dall'abbandono dell'uomo che, in tempi recenti, ha ormai lasciato cadere in disuso questi passaggi per i più comodi ponti lungo l'Adda.

Non molto lontano dalla riva destra dell'Adda, in località Villa Paradiso, a pochi chilometri in direzione sud est da Cornate d'Adda, sono venute alla luce diverse tombe risalenti alla battaglia tra Longobardi. Nel 1999 la Soprintendenza Archeologica Lombarda ha scoperto a Villa Paradiso i resti di una antica villa rustica romana sul cui terreno si è scoperta una successiva necropoli di epoca longobarda. L'epoca delle sepolture viene datato con il metodo del Carbonio 14, tra il 640 e il 740, compatibili con l'anno della battaglia di Cornate d'Adda. Si tratta di 17 tombe occupate da uomini d'età compresa tra i 30 e i 45 anni, tutti con traumi e ferite sugli arti, mani, gambe e braccia, oltre che sul cranio, ferite, queste ultime letali. La morte violenta e l'età dei resti fa ritenere questi uomini caduti nella battaglia del 689. Queste sepolture singole possono inoltre far ritenere i guerrieri qui inumati come appartenenti all'armata di Cuniperto, considerata la cura con cui sono stati sotterrati singolarmente. Difficilmente si sarebbe fatto lo stesso per i nemici caduti che, molto probabilmente, saranno stati raccolti frettolosamente in una fossa comune, se non addirittura lasciati a decomporsi

▲ Il santuario della Rocchetta. Un tempo fortificazione posta a controllo di un porto sull'Adda (località Porto d'Adda), si pensa che sia il castello citato in un documento del 998 come "Castrum qui dicitur Rauca".

agli elementi naturali.

Gli scavi di queste tombe hanno interessato un'area di circa 1.000 metri quadri mentre si ipotizza che la necropoli sia molto più ampia, fino a 20.000 metri quadri dove vi devono essere altre tombe di guerrieri caduti in battaglia e lì sepolti, dimenticati, ormai da molti secoli.

Se per i Neustriani vi fu il conforto di un sepolcro per gli Austriaci, che non finirono tra i flutti del fiume Adda, si ritiene che siano stati gettati in una fossa comune di cui, fin'ora, non si è trovata traccia.

A questo inconveniente può forse rimediare la presenza di un edicola religiosa costruita nel 1928 su una struttura più

▲ Umbone longobardo con triskell, VII secolo in ferro e bronzo. Il simbolo non è solo tipico dei Celti ma anche di molti altri popoli come Greci e Germani. Ha per i Longobardi lo stesso significato della ruota solare (al pari della svastica) ma, anche, della sacra triade indoeuropea, venendo utilizzato in epoca cristiana sugli scudi longobardi seguendo un sincretismo religioso tipico del medioevo. (Metropolitan Museum of Art)

antica al cui interno si trovano numerosi resti umani. L'edicola si trova su una strada che dalla località di Villa Paradiso si dirige verso il guado di Porto d'Adda, un'area compatibile con la posizione dell'esercito di Alachis schierato ancora nelle vicinanze del guado sull'Adda. L'edicola è chiamata dei "Mort de San Cerech", proprio per i resti umani conservati al suo interno, con le ossa la cui datazione del Carbonio 14, anche in questo caso, fa risalire al tempo della battaglia della fine del VII secolo. Prima di questi studi si riteneva che le ossa appartenevano a uno scontro minore condotto da altri Austriaci, quelli guidati dal grande principe Eugenio di Savoia contro gli eserciti franco spagnoli nel 1705 durante la guerra di successione spagnola. In realtà le analisi chieste dal professor Fedele Molteni nel 2005 hanno fornito una data molto più antica. È quindi plausibile che la piccola edicola di Mort de San Cerech conservi le ossa di parte dell'esercito sconfitto di Alachis che, in tempi remoti, devono essere stati traslati e raccolti in questa piccola struttura religiosa per pietà cristiana.

Ben altro edificio religioso ricorderà la vittoria di Cuniperto con quel monastero di San

▲ Vista dell'Adda dalla Rocchetta verso sud. Non sembra che il castello a protezione del guado abbia avuto una funzione importante nelle vicende che videro l'armata di Alachis sconfinare in Neustria.

▶ Tavola della trasmigrazione dei longobardi e degli altri popoli barbari alla caduta dell'Impero romano

Giorgio martire ricordato da Paolo Diacono e costruito subito dopo lo scontro decisivo nei pressi dell'abitato di Cornate d'Adda. Gli storici ancora dibattono se sia trattato di un monastero o solo una semplice chiesa. Di questo edificio abbiamo ancora notizia all'inizio del X secolo all'interno di un diploma reale del dicembre 901 scritto nella capitale Pavia, nel quale si dona l'abbazia di San Giorgio al vescovo di Como.

Del monastero di Cuniperto oggi non è rimasto nulla, molte sono state le trasformazioni in oltre 1300 anni, da quando, al tempo di Ottone III, venne trasformato in castello di cui oggi purtroppo non rimane più nulla.

Le vestigia antiche si ritrovano sparse in frammenti tra gli edifici di questo antico borgo testimone di molta storia, così come il fiume Adda, antica linea di confine, sulle cui sponde si disputò in armi il futuro del regno longobardo.

CRONOLOGIA

535-554 Guerra gotica. L'imperatore d'oriente, Giustiniano, invia in Italia un esercito guidato da Belisario e poi da Narsete contro gli ostrogoti. Gli ultimi re goti, Totila e Teia, cadono in battaglia.

540 circa San Benedetto, dopo aver fondato il monastero di Montecassino, redige la Regola che fornirà le premesse del monachesimo occidentale.

547 I Longobardi passano dalla regione del Norico alla Pannonia.

553-568 Dominio Bizantino in Italia

568 I Longobardi entrano in Italia sotto la guida di re Alboino.

572 I Longobardi conquistano la pianura Padana.

584 Autari re dei Longobardi.

589 Autari sposa Teodolinda, figlia del duca di Baviera.

590 Morte di re Autari, Teodolinda sceglie come nuovo re Agilulfo, duca di Torino.

590-604 Pontificato di Gregorio I Magno.

591 Agilulfo re dei Longobardi.

603 Agilulfo combatte contro i Bizantini di Ravenna.

603 Gregono Magno conclude la pace fra Longobardi e Bizantini e, grazie all'opera di persuasione di Teodolinda, inizia la conversione al cattolicesimo del popolo longobardo.

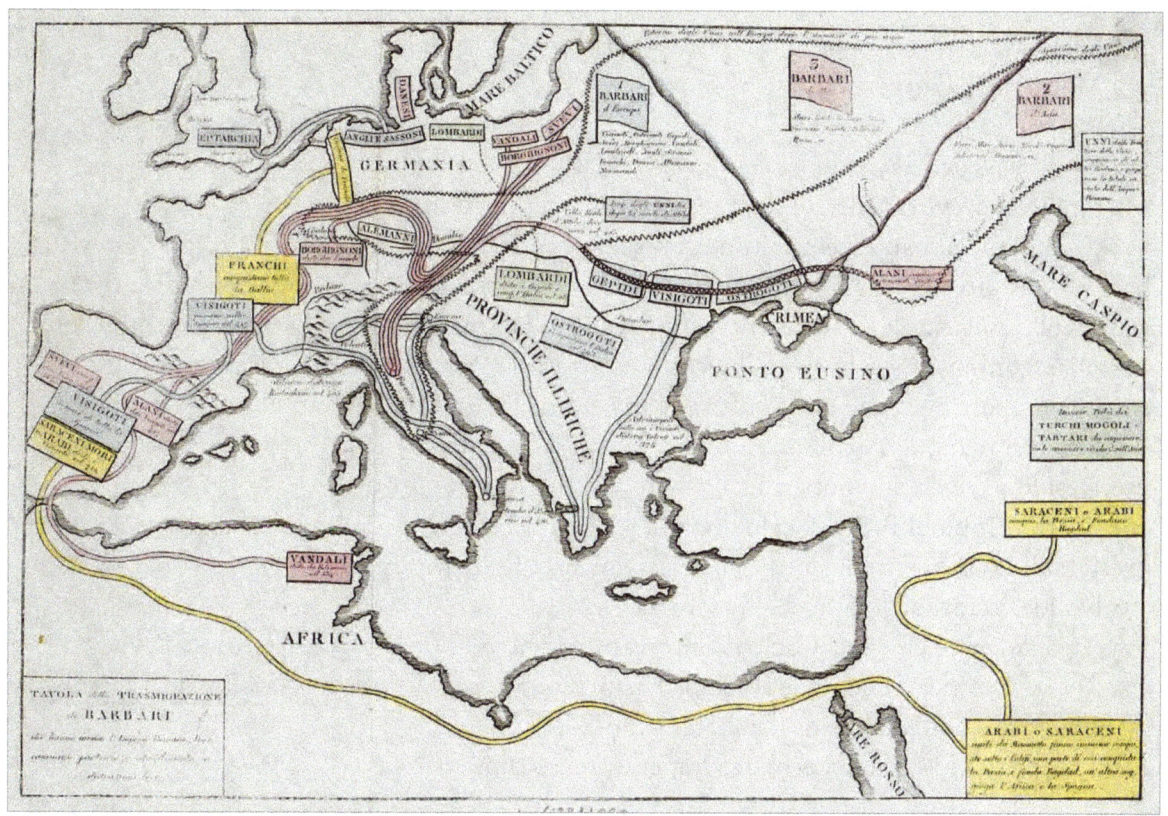

604 Morte di papa Gregorio Magno.
616 Morto Agilulfo gli succede Adaloaldo sotto la reggenza di Teodolinda.
622 Inizio dell'era musulmana (egira).
628 Morte di Teodolinda.
636 Rotari re dei Longobardi.
643 Editto di Rotari.
652 Morte di re Rotari.
662 Inizio del regno di Grimoaldo.
663 Battaglia d'Asti. I Franchi vengono pesantemente sconfitti.
671 Morte di Grimoaldo.
671 Pertarito viene eletto sovrano dei Longobardi.
679 Vittoria del duca di Trento Alachis contro i Bavaresi.
680 Rivolta del duca di Trento Alachis contro Pertarito.
688 Cuniperto re dei Longobardi.
688 Ribellione di Alachis, duca di Trento e di Brescia, contro re Cuniperto.
689 (?) Battaglia di Cornate d'Adda e uccisione del ribelle Alachis.
698 Sinodo di Milano che sancisce la fine dell'eresia ariana e di quella dei Tre Capitoli.
700 Morte di Cuniperto.
712 Liutprando re dei Longobardi.
728 Liutprando occupa Sutri e la "dona" a papa Gregorio II, primo embrione dello Stato Pontificio.
732 Carlo Martello sconfigge gli Arabi a Poitiers.
744 Morte di re Liutprando
749 Astolfo re dei Longobardi.
751 Astolfo assale l'Esarcato e occupa Ravenna.
752 Pipino il Breve diventa re dei Franchi (dinastia Carolingia).
754 Chiamato dal papa Stefano II nel 753 scende in Italia il re dei Franchi Pipino il Breve, che, battuto Astolfo, lo costringe con la pace di Pavia a restituire al papa le terre tolte ai Bizantini.
756 Astolfo riprende le ostilità contro il papa e assedia Roma. Pipino il Breve scende nuovamente in Italia, sconfigge Astolfo e con il secondo trattato di Pavia lo obbliga a rinunciare all'esarcato e alla Pentapoli, che cede a sua volta al papa, nasce lo Stato Pontificio.
756 Fine del regno di Astolfo.
756 Desiderio re dei Longobardi.
768 Morto Pipino il Breve, Carlo diventa re dei Franchi.
770 Desiderio promette in sposa sua figlia a Carlo, figlio di Pipino.
772 Desiderio invade lo Stato della Chiesa.
773 Papa Adriano chiede a Carlo di intervenire contro i Longobardi. Assedio a Pavia.
774 Resa di Desiderio che viene rinchiuso in un monastero. Carlo si proclama re dei Longobardi.
799 Morte di Paolo Diacono a Montecassino.
800 Carlo Magno viene incoronato imperatore a Roma

APPENDICE

Sovrani longobardi con il significato dei loro nomi tra parentesi e la data di regno dal loro arrivo in Italia in poi:

AUDOINO
- (547– 560) padre di Alboino e nono re dei Longobardi. Condusse il proprio popolo in Pannonia.
ALBOINO (nobile e caro agli Dei)
- (560– 572) guidò il suo popolo in Italia, fu ucciso in una congiura ordita dalla moglie Rosmunda
CLEFI
- (572– 574) Fu sgozzato da una guardia del corpo
(574 - 584) Periodo dei Duchi, detto dell'Anarchia
AUTARI
- (584– 5 settembre 590) figlio di Clefi, forse assassinato con del veleno
AGILULFO (lupo che incute terrore)
- (590 – 616)
ADALOALDO (nobile valoroso)
- (602/603 – 626) fu associato al trono nel 604; primo Re Cattolico; forse fu avvelenato
ARIOALDO (comandante dell'esercito)
- (626– 636)
- (636) dieci mesi interregno guidati dalla regina Gundeperga
ROTARI (capo glorioso)
- (636– 652)
RODOALDO (potenza della gloria)
(652– 653) fu assassinato
ARIPERTO I (illustre nel popolo in armi)
- (653 – 661) divise il regno tra i suoi due figli già associati al trono
PERTARITO
- (661– 662) si insediò a Milano
GODEPERTO (illustre in Dio)
- (661– 662) si insediò a Pavia
GRIMOALDO (capo con l'elmo)
(662– 671) uccise Godeperto e occupò il trono, mentre Pertarito andò in esilio
GARIBALDO (valoroso cono la lancia)
- (671–671) - Figlio di Grimoaldo
PERTARITO
- (671– 688)
- (688) usurpazione di Alachis
CUNIPERTO (animo valoroso)
- (688– 700)

LIUTPERTO (illustre verso il popolo)
- (700– 701) Figlio di Cuniperto; fu deposto da Ragimperto
RAGIMPERTO (illustre per consiglio divino)
- (701) duca di Torino, figlio di Godeperto
LIUTPERTO
- (702) fu riportato sul trono dal suo tutore Ansprando e dal suo alleato Rotarit, poco dopo la morte di Ragimperto
- (702) usurpazione di Rotarit
ARIPERTO II (illustre nel popolo in armi)
- (702– 712) figlio di Ragimperto, che lo aveva associato al trono; fece uccidere il suo predecessore;
morì mentre fuggiva, dopo essere stato sconfitto da Ansprando
ANSPRANDO (spada di Dio)
- (712) tutore di Liutperto
LIUTPRANDO (la spada della gente)
- (712–744)
ILDEBRANDO (spada lucente come fuoco in battaglia)
- (744) fratello di Liutprando; nel 737 fu associato al trono per iniziativa della nobiltà; fu deposto dai duchi
RACHIS
- (744– 749) deposto dai duchi si ritirò a Montecassino
ASTOLFO (lupo valoroso)
- (749 – 756) fratello di Rachis
RACHIS
- (dicembre 756– marzo 757)
DESIDERIO
- (757– 774) duca di Tuscia, deposto da Carlo Magno

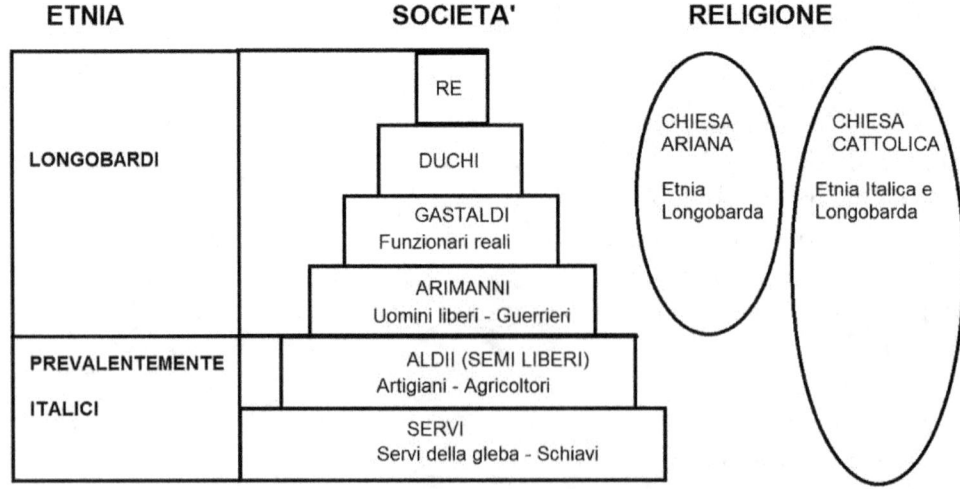

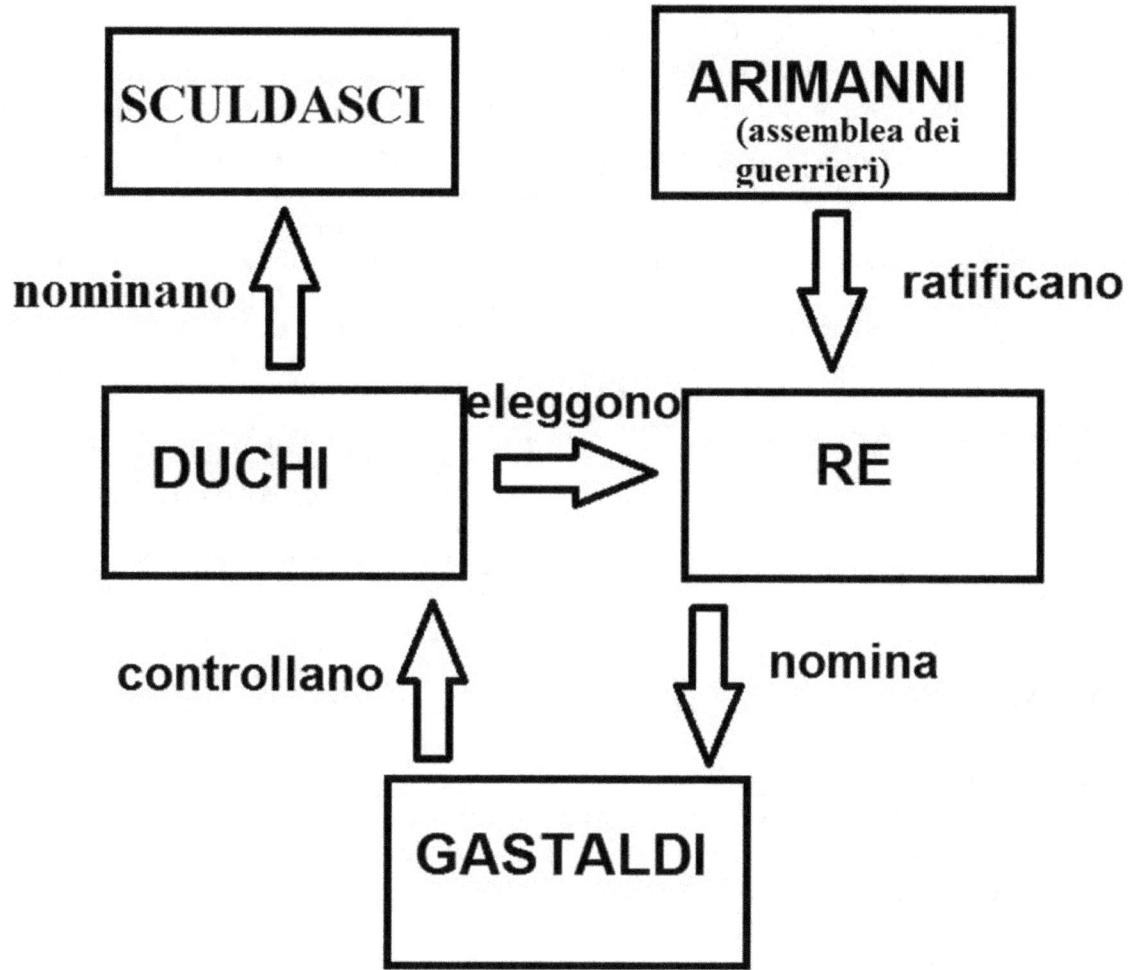

▲ Schema semplificato del sistema di governo in uso tra i Longobardi dal periodo di re Rotari fino all'ultimo sovrano Desiderio.

◀ Tabella di sintesi della società in Italia all'inizio del regno di Cuniperto. Dopo la battaglia di Cornate d'Adda e, il successivo sinodo di Milano del 698, la chiesa ariana verrà completamente smantellata, togliendo così un importante pilastro dell'identità culturale e nazionale longobarda.

Riforma dell'organizzazione militare di Astolfo dell'anno 750, basata sul censo e sulla ricchezza personale piuttosto che sulla stirpe (anche se i più ricchi continuavano a essere spesso i Longobardi, soprattutto fuori dalla città), basata su quattro classi di proprietari terrieri e quattro classi mercantili arricchiti con il commercio o l'artigianato:

CLASSI SOCIALI DEI PROPRIETARI TERRIERI	ARMAMENTI CORRISPONDENTI
Proprietari di fattorie (casae massariae) superiore a sette	Cavalli, armi e armature complete calcolate in base alla ricchezza del proprietario terriero
Proprietari di fattorie (casae massariae) pari a sette	Cavallo, armi e armatura completa a uso personale del proprietario più altri cavalli
Proprietari privi di fattorie (casae massariae) ma di almeno un appezzamento di terra di 40 iugeri	Cavallo, scudo e lancia a uso personale del proprietario
Proprietari privi di fattorie (casae massariae) con o senza appezzamenti terrieri (minori homines)	Scudo, arco e frecce
CLASSI SOCIALI MERCANTILI	ARMAMENTI CORRISPONDENTI
Maiores et potentes	Cavallo, armi e armatura completa a uso personale più altri cavalli
Sequentes	Cavallo, scudo e lancia a uso personale più altri cavalli
Minores	Arco e frecce

I DUCATI LONGOBARDI

Ducato di Asti
Ducato di Ceneda (provincia di Treviso)
Ducato di Benevento
Ducato di Bergamo (fino al 702)
Ducato di Brescia
Ducato del Friuli
Ducato di Genova
Ducato di Ivrea
Ducato di Milano
Ducato di Parma
Ducato di Pavia
Ducato di Piacenza
Ducato di Persiceto (dal 728)
Ducato di Reggio
Ducato di San Giulio (isola di San Giulio sul lago d'Orta in provincia di Novara)
Ducato di Spoleto
Ducato di Torino
Ducato di Trento
Ducato di Treviso
Ducato di Tuscia
Ducato di Verona
Ducato di Vicenza

▲ Nobile guerriero longobardo a cavallo. Tavola di Luca Cristini

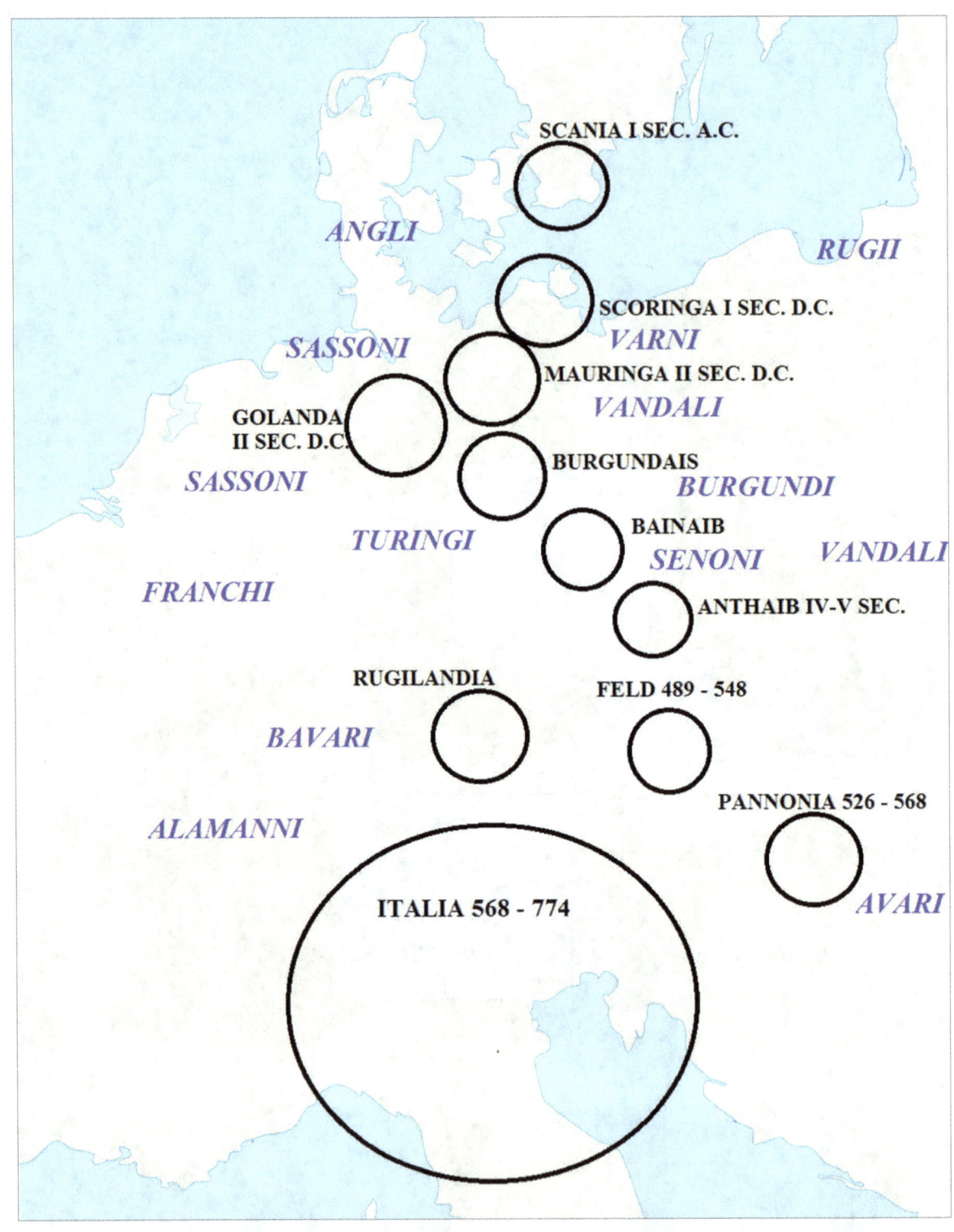

▲ Mappa della migrazione dei Longobardi dalla Scandinavia all'Italia tra il I e il VI secolo e i loro stanziamenti, con evidenziate le posizioni indicative dei principali popoli germanici.

BIBLIOGRAFIA

-Paolo Diacono, *Storia dei Longobardi*, Skira editore, Milano 2000.

-*Lo strategikon di Maurizio e la tradizione romana*. Traduzione a cura di Giuseppe Cascarino http://www.legio-i-italica.it/wp-content/uploads/2015/12/2005-CASCARINO-Lo-Strategikon-di-Maurizio.pdf

-Tacito, *Germania*

-Sergio Rovagnati, *I Longobardi*, Xenia 2003.

-Jörg Jarnut, *Storia dei Longobardi*, Einaudi 2002.

-Alberto Arecchi, *Nomi Longobardi*, Pavia, Liutprand, 1998.

-Marco Balbi, *L'esercito Longobardo 568/774*, E.M.I. "Serie de bello", 1991.

-*Storia e miti dei Longobardi d'Insubria*, Associazione culturale Terra Insubre, (Catalogo della mostra), Varese 2008.

-Michele Fabbri, *Noi, Celti e Longobardi*, Edizioni Helvetia, Spinea (VE) 2008.

-H. F.K. Günter, *Religiosità Indoeuropea*, Edizioni di Ar, Padova 2011.

-S. Macdowall, *Germanic Warrior 236 –568 A.D.* Osprey Military.

-D. Nicolle, *The Age of Charlemagne*. Osprey Military.

-D. Nicolle, *Tattiche dell'Europa Medievale*, Bam

-P. Louth, *La civiltà dei Germani e dei Vichinghi*, Fratelli Melita editori.

-Goti, Alemanni, *Longobardi al museo archeologico di Milano*, Edizioni ET, (Milano 1983-84)

-E. Bartolini, *I Barbari*, (Milano 1982).

-*La storia dell'Alto Medioevo italiano (VI – X sec.) alla luce dell'archeologia*, Atti del Convegno internazionale, Siena 1992, a cura di R. Francovich. G. Noyè, (Firenze 1994).

-ARIES/DUBY, *Dall'Impero Romano all'anno 1000*, Laterza 1988.

-A. Barbero, C. Frugoni, *Dizionario del Medioevo*, 1994 Edizioni Laterza.

-Alberto Peruffo, *Le battaglie dei Cimbri e dei Teutoni 113-101 a.C*, Arbor Sapientiae, Roma 2017.

-P. Giudici, *Storia d'Italia*, Nerbini

-*Storia d'Italia*, Einaudi

-I longobardi, di Matteo R adaelli e Luca Stefano cristini, Soldiershop 1a Ed. 2012.

TITOLI PUBBLICATI - ALREADY PUBLISHING

WWW.SOLDIERSHOP.COM WWW.BOOKMOON.COM